Bärbel & Manfred Mohr

Bestellungen aus dem Herzen

Bärbel & Manfred Mohr

Bestellungen aus dem Herzen

*Wie die Liebe
Wünschen Kraft verleiht*

Omega

Bibliographische Information der Deutschen Bibliothek

Die Deutsche Bibliothek verzeichnet diese Publikation in
der Deutschen Nationalbibliografie;
detaillierte bibliografische Daten sind im Internet über
http://dnb.ddb.de abrufbar.

1. Auflage   März 2010

Lektorat: Gisela Bongart, Ulrike Kerstiens
Covergestaltung: Hermann R. Lehner
Satz und Gestaltung: Martin Meier

Druck: **FINIDR**, Český Těšín, Tschechische Republik

Dieses Buch wurde nach den Regeln
der alten Rechtschreibung lektoriert.

ISBN 978-3-930243-53-2

***Omega*®**-Verlag, Gisela Bongart und Martin Meier (GbR)

D-52080 Aachen • Karlstr. 32
Tel: 0241-168 163 0 • Fax: 0241-168 163 3
e-mail: info@omega-verlag.de

Inhalt

Die Liebe ist das, was ich gebe

Die Liebe ist das, was ich gebe,
sie ist, was am Ende noch bleibt
die Liebe, die ich wirklich lebe,
ist, was mich in Zukunft fortschreibt.

Die Liebe sät sachte den Samen
in Dinge, in Menschen und dich,
trägt gern ihren ewigen Rahmen
vom Heute ins Morgen durch mich.

Wenn durch Schönheit ich mich verzücke,
dann sä' ich den göttlichen Keim,
was ich still in Liebe beglücke,
trägt zärtlich mein Glück zu mir heim.

Die Liebe, die ich Kindern lebe,
wächst in ihnen dankend heran,
daß ich ihnen ganz weitergebe,
was einst hoch im Himmel begann.

Denn Liebe geht niemals verloren,
sie wächst nur und neu stets gedeiht,
was immer in Liebe geboren,
bleibt heilig und gibt und verzeiht.

Die Liebe, sie sammelt die Krumen,
verstreut ward das göttliche Brot,
doch stetig wächst neu ihr Volumen
im Speicher von Korn und von Schrot.

Auch in mir ruht leise ein Bröckchen,
das ich meiner Umwelt vererb,
klingt weiter als ewiges Glöckchen,
wenn friedlich dereinst ich versterb.

So bleibt meine Liebe auf Erden
in allem, was herzlich ich mag.
Du Liebe, komm laß mich dich werden,
schon morgen sei dein jüngster Tag.

Manfred Mohr

Einleitung

*Was ist das Schwerste von allem? Was dir das
Leichteste dünket:
Mit den Augen zu sehn, was vor den Augen dir
lieget.*

Johann Wolfgang von Goethe
(Xenien aus dem Nachlaß 45)

Angeregt durch Bücher wie *Bestellungen
beim Universum* haben sich in den letzten
Jahren viele Menschen mit dem Wünschen
und dem Bestellen beschäftigt. Und es funktioniert! Vor allem das Bestellen eines Park-
platzes in der überfüllten Innenstadt gelingt
inzwischen fast jedem, der sich dabei vom
Universum führen läßt. Doch auch schier un-
glaubliche Wünsche wie das Finden eines vergrabenen Schatzes im Garten und dergleichen
mehr wurden vom kosmischen Lieferservice
erfüllt.

Aber leider klappt es nicht immer bei jedem, und viele fragen sich dann, wieso.
Wurde die Bestellung vielleicht irgendwie
nicht richtig aufgegeben, irgendeine wichtige
Regel dabei nicht beachtet? Mit am wichtig-

sten war und ist dabei für uns die Empfehlung: „Mach es doch einfach so, wie es sich richtig für dich anfühlt. Vertraue einfach deinem Gefühl!" Und diesem Gefühl und dem Zusammenhang von Fühlen und Wünschen möchten wir in diesem Buch weiter nachspüren. Was zieht das Gewünschte in mein Leben? Mein Gefühl, meine Ausstrahlung, die Anziehungskraft meines Herzens? Wünschen und Bestellen funktioniert, weil wir als Menschen mit allem in Verbindung sind. Das Universum hört ganz einfach auf uns.

Allerdings reagiert das Universum nicht auf Sprache und Worte, sondern kommuniziert mit uns über unsere Gedanken, Gefühle und die damit verbundenen inneren Bilder. Unsere innere Welt spiegeln wir nach außen und ziehen damit Erfahrungen an, die den inneren Bildern in uns entsprechen. Es ist fast so, als würde das Universum in einem andauernden Zwiegespräch mit uns stehen und ständig fragen: „Was wünschst du dir gerade?" Und durch unsere innere Bildersprache senden wir fortwährend Antworten aus. Wobei das Universum wohl davon ausgeht, daß wir uns selbstverständlich über die uns innewohnende Schöpferkraft im Klaren sind.

In diesem Buch soll es um echte Herzenswünsche gehen und darum, wie wir einen Wunsch des Herzens von einem bloßen Wunsch des Egos unterscheiden können. Was steckt dahinter, wenn Bestellungen nicht geliefert werden, und was machen wir dann? Aus unseren Erfahrungen mit Herzenswünschen und einigen Tips und Tricks dazu kommen wir dann auch zu einer ganzen Reihe von Antworten auf die Frage: Was ist eigentlich Liebe? Und welche Rolle spielt sie bei der Erfüllung unserer Wünsche?

Auch werden wir euch hier einige neue Bestelltechniken vorstellen, die sich aus der Praxis der letzten Jahre als erfolgreich herauskristallisiert haben. In Kapitel I verraten wir euch zehn „Bestellregeln des Herzens", die aufeinander aufbauen. In Kapitel II gibt es dazu ein entsprechendes Bestellritual. In Kapitel III schauen wir uns genauer an, was dahinterstecken kann, wenn bestimmte Bestellungen geliefert werden und andere nicht.

Viel Freude beim Lesen, Bestellen und Lieben wünschen

Bärbel & Manfred

I.

Aus dem Herzen bestellen

Vertrauen ist eine Oase des Herzens, die von der Karawane des Denkens nie erreicht wird.

Khalil Gibran

Mein Herz (und meine im Herzen wohnende Liebe) zieht das in mein Leben, was seinem Gefühl und damit seiner Ausstrahlung entspricht. Ich könnte auch sagen, mein Herz zieht das in mein Leben, was schon „in ihm wohnt". Das, was innen ist (im Herzen), findet sich wieder, spiegelt sich in dem, was außen (in meinem Umfeld) sichtbar ist. Oder kürzer formuliert: **Wie innen, so außen. Wie außen, so innen.**

Dies ist eine Abwandlung des hermetischen Prinzips der Entsprechung, das in seiner Urform lautet: „Wie oben so unten. Wie unten, so oben." Das bedeutet, daß Gesetzmäßigkeiten, die für den Kosmos („oben") gelten, auch für den Planeten Erde („unten") gelten und umgekehrt. Analog zu „oben und unten" betrachten wir hier Geist und Seele als „ im In-

11

neren liegend" im Gegensatz zur außen lie-
genden Materie. Innen und außen wirken
aufeinander ein und bedingen einander ebenso wie oben und unten.

Dieses Prinzip der Entsprechung geht auf
Hermes Trismegistos zurück, der um 2000
vor Christus im alten Ägypten gelebt haben
soll. Auf seinen Grundgedanken aufbauend
haben die Mystiker der Antike die hermetische
Philosophie (Hermetik) begründet. Die sieben
Axiome oder Prinzipien der Hermetik haben
wir bereits in unserem Buch *Fühle mit dem
Herzen und du wirst deinem Leben begegnen*
vorgestellt. Hier wollen wir uns aber nur auf
das Axiom „Wie innen, so außen" konzentrieren, da uns dies am einfachsten anzuwenden
erscheint. Denn ich kenne mein Außen, also
mein Umfeld. Und ich kann mir bewußt ansehen, was in meinem Inneren so los ist, d.h.
von welchen Gefühlen, inneren Bildern und
Glaubenssätzen ich mich leiten lasse.

Wenn ich mir die Tatsache „Wie innen, so
außen" oder genauer: „Wie innen = außen"
bewußt mache, kann ich ganz einfach damit
spielen: Was geschieht in meinem Außen,
wenn ich dies oder jenes in meinem Inneren
verändere? Tatsächlich sind Innen und Außen
so stark miteinander verbunden, daß sich wie
in einer mathematischen Gleichung die eine
Seite (das Außen) automatisch mitverändert,

wenn ich die andere (das Innere) bewußt verändere. Nehme ich die eine Seite wie bei einer Rechenaufgabe mal 3, dann muß die andere Seite „reagieren", sonst paßte das Gleichheitszeichen nicht mehr. Genauso verhält es sich mit dem Universum: Es reagiert immer auf die Veränderungen in meinem Inneren. Es kann gar nicht anders, denn ich bin untrennbar mit ihm verbunden, jeden Tag, zu jeder Minute. Ich bin ein Teil des Universums, und damit ist das Universum auch ein Teil von mir.

Was bedeutet das nun für mein praktisches Leben? Buddha sagt: „Es gibt keinen Weg zum Glück, Glück ist der Weg." Aus unserer Sicht heißt das: Es gibt keinen Weg zum (äußeren) Glück. Denn Glück ist ein (innerer) Weg. Finde ich innen zum Glücklichsein, so wird sich das Außen auf nahezu magische Weise automatisch mit diesem Innen gleichsetzen. Innen ist ein Zustand, der sich außen wiederfindet, der einfach gleich zu sein hat, ja gleich sein muß.

Der Zustand meines Inneren ist durch eine wichtige Größe klar gekennzeichnet: mein Gefühl. Mein jeweiliger Zustand wird klar bestimmt durch mein Gefühl in diesem Moment, und zwar in jedem Moment meines Lebens.

Nun fällt hoffentlich bei ganz vielen Lesern ein erster wichtiger Groschen: Wenn Innen = Außen ist, und zwar immer, ja dann bestelle ich doch immer! Ich stelle doch in jedem

Moment mein Außen durch den gefühlten Zustand in meinem Inneren her! Warum habe ich das bisher noch nicht gemerkt! Ist das wirklich so einfach?

„Die Wahrheit muß einfach sein", dachten wir uns schon seit längerem. Und dieser Grundsatz bestätigt sich immer wieder, je länger wir uns mit solchen Themen beschäftigen.

Es gibt ein paar gute Gründe, warum wir diese einfache Logik des Universums zunächst nicht bemerken. Hinter jedem dieser Gründe steckt dann auch gleich ein Ansatzpunkt, wie ich das Bestellen aus dem Herzen verbessern und verstärken kann, wie wir im weiteren Verlauf noch sehen werden.

Folgende Glaubenssätze und Themen könnten der Grund sein, warum ich mir über das universelle Gesetz des „Innen = Außen" nicht oder nur teilweise im Klaren bin:

1. Ich befinde mich zu selten im Hier und Jetzt.
2. Ich fühle meistens nicht wirklich, sondern bin überwiegend im Denk-Modus.
3. Ich bin zu sehr damit beschäftigt, vieles in meinem Leben abzulehnen und grenze mich damit ständig selbst von meinem Leben aus.
4. Mit sehr vielem in meinem Leben bin ich

unzufrieden. Würde ich weniger meckern und statt dessen mehr lieben und danken, würde ich mir meiner schöpferischen Kräfte bewußt.

5. Ich habe verlernt, mein Herz zu fragen und auf seinen Rat zu hören.

6. Mein Ego grenzt mich von meinem Außen zu sehr ab: alles nur für mich.

7. Ich denke, Probleme kämen von außen. Probleme liefern mir darum Gründe, anderen die Schuld zu geben. Dabei möchten sie meine Entwicklungshelfer sein.

8. Ich glaube, nur Liebe zu bekommen, wenn ich etwas im Außen dafür tue. In Wahrheit bekomme ich immer das zurück, was ich gebe – wenn auch dieses Geben oft unbewußt und nur in meinem Inneren geschieht.

9. Mir fehlt es an Selbstwert und Selbstliebe. Weil zu wenig Liebe in mir ist, denke ich auch nie daran, daß ich Liebe einladen und geben könnte.

10. Ich hänge innerlich immer wieder an schlechten Gefühlen fest und komme nicht davon los. Mein Ego klebt regelrecht an schlechten Gefühlen.

Wow, ist das eine lange Liste! Wohlan, bevor ich also ein rechter „Harry Besteller" werden kann, stehen mir als Zauberlehrling offensichtlich doch eine Reihe von Prüfungen und Herausforderungen ins Haus. Ich werde zwar nicht wie Herakles die Ställe ausmisten dürfen, aber es gibt da durchaus die eine oder andere innere Schlange, die es zu besiegen gilt. Nennen wir sie doch der Einfachheit halber meinen inneren Schweinehund oder meinen inneren Hardcore-Skeptiker.

Die oben genannten zehn Punkte schauen wir uns gleich genauer an und machen praktischerweise „Zehn Bestellregeln aus dem Herzen" daraus. Diese Bestellregeln bauen aufeinander auf und bilden so etwas wie Schulklassen. Wenn ich z.B. in der ersten Klasse schreiben lerne, dann brauche ich noch viele Hilfslinien. Später, in höheren Klassen, kann ich mühelos ohne solche Hilfslinien schreiben. Sobald ich also richtig bestellen kann, brauche ich bestimmte Dinge nicht mehr zu berücksichtigen, da ich sie wie beim Schwimmen oder Radfahren bereits verinnerlicht habe und einfach beherrsche.

Willkommen in Hogwards, der Zauberschule für Besteller aus dem Herzen! Du bist eben in die erste Klasse aufgenommen worden! Dein Zauberstab liegt schon für dich bereit.

1.   Im Hier und Jetzt sein

In jedem Augenblick hast du eine Verabredung
mit dem Leben. Jeden Augenblick, den du
versäumst, versäumst du das Leben.

Thich Nhat Hanh

Daß innen = außen ist, kann mir natürlich nur auffallen, wenn ich bewußt im Hier und Jetzt bin. Viele Meditationsschulen unterrichten eigentlich nichts anderes und möchten vor allem diesen Seinszustand vermitteln. Vielleicht denke ich, ich wäre doch hier und jetzt, ja wo denn sonst? Aber wo bin ich denn jetzt, innerlich? Schwelge ich nicht gerade in Gedanken darüber, was gestern war oder was morgen sein wird? Ärgere ich mich beispielsweise noch Tage oder Wochen über eine Unverschämtheit oder eine Ungerechtigkeit, bin ich also im Geiste immer noch dort, in der Vergangenheit? Oder habe ich Angst vor einer kommenden Prüfung oder Herausforderung und bin innerlich nur dort, in der Zukunft?

Hand aufs Herz: Würde ich ein Gedankentagebuch führen, dann würde mir schnell klar, wie weit weg ich meistens vom Ort des Geschehens, vom Hier und Jetzt bin. Und das ist doch eigentlich schade, denn dann sehe ich nicht die Rose am Wegesrand, spüre nicht die Sonne auf meiner Haut und übersehe vielleicht den liebevollen Blick, der mich gerade eben trifft. Zu versunken bin ich in meinen Gedanken. Ich bin im Kopf und kann meine Gefühle gar nicht spüren. Denn dazu müßte ich mehr im Herzen sein.

Im Hier und Jetzt zu sein ist darum eine Grundvoraussetzung, um mir meines momentanen inneren Zustands bewußt zu sein. Bin ich das nicht, dann bin ich im Modus „Autopilot", handle und fühle unbewußt, reagiere bloß, ohne den Steuerknüppel selbst in der Hand zu haben. Dann lasse ich mich vom Außen mitreißen, liefere mich den äußeren Umständen aus, fühle mich oft als Opfer, eben irgendwie meinem Leben ausgeliefert. Auf dieses Thema kommen wir später noch zurück. Bleiben wir doch lieber erstmal hier. (Ts, ts, immer diese vom Hier und Jetzt ablenkenden Gedanken, merkst du's? Auch Autoren sind davor nicht gefeit, wieso sollten sie auch?!)

Im Hier und Jetzt zu sein gibt mir also erst die Gelegenheit, nach innen zu schauen und mich zu fragen, wie es da aussieht. Dann kann ich bewußt entscheiden, gegebenenfalls ein besseres, positiveres Innen zu erzeugen. Denn, und damit kommen wir zur ersten wesentlichen Aussage: **Die Herzenskraft und die Liebe wirken nur im Hier und Jetzt.**

Dieser Aspekt ist vielleicht der wichtigste beim Bestellen aus dem Herzen. Die Liebe kann nur das Hier und Jetzt bewohnen, sie wirkt nur beim bewußten Sein im Hier und Jetzt so richtig. Angenommen, ich bin nicht im Hier und Jetzt, dann geht eine ganze Menge an Aufmerksamkeit verloren, nämlich genau dorthin, wo ich mich in meinem Bewußtsein gerade herumtreibe – zum Beispiel im Traum von einem Leben, in dem es mir besser geht. Oder in der Angst vor dem Morgen. Oder in immer wiederkehrenden Gedanken an Verletzungen aus der Vergangenheit. Vielleicht denke ich auch an Menschen, die mit diesen Träumen, der Angst oder der zurückliegenden Verletzung zu tun haben. Diesen Menschen gebe ich Aufmerksamkeit, dorthin geht meine Energie. Es ist also nur noch wenig Gedanken- und Gefühlskraft im Hier und Jetzt übrig, die ich in meinen Wunsch stecken könnte. Außerdem sind die Gedanken an Träume, Ängste und Vergangenes voller destruktiver und negativer Energie, die mein Innen verseuchen – und damit auch mein zukünftiges Außen. Es ist also eine sinnvolle Übung für das Sein im Hier und

Jetzt, mir meine momentanen Gefühle und Gedanken bewußt zu machen.

Was bedeutet das für unsere Bestellungen aus dem Herzen? Um erfolgreich aus dem Herzen bestellen zu können, gilt es nun gleich vier Aspekte zu berücksichtigen, die wir uns in den folgenden Unterkapiteln nun näher anschauen wollen:

Was möchte ich genau?

Oft bin ich beim Bestellen im Geiste irgendwo, nur nicht im Hier und Jetzt. Angenommen, ich bestelle mir eine neue Hose beim Universum. Ganz oft bestelle ich dann irgendeine Hose, ohne mir konkret auszumalen, was für eine genau ich wirklich möchte. Es ist dann ungefähr so, als würde ich beim Katalog ein Kreuzchen machen bei: „Welche Hose, ist mir egal." Das Universum kann solche inneren Bilder einfach nicht verstehen.

Welche Größe hat die Hose, welche Farbe? Was will ich mit der Hose machen? Wann ziehe ich sie an? Wie riecht sie, wie fühlt sie sich auf meiner Haut an? Stell dir beim Bestellen all diese Fragen. Was geschieht? Die Hose nimmt vor deinem inneren Auge Gestalt an, mit jeder Antwort auf diese Fragen fühlt sie sich plastischer an, sie entsteht mehr und mehr in deinem Geiste. Stell dir vor, wie du sie trägst, bei welcher Gelegenheit, wer dabei ist? Dieses innere Bild hat Kraft und ist durchtränkt mit einem durchweg positiven Gefühl. Bei einem konkreten Bild kann die Herzenskraft viel besser wirken.

Hier, sozusagen in der ersten Klasse des Bestellens, ist es auch oft hilfreich, Listen von Dingen zu machen, die ich mir bestelle. Zudem ist es meist wichtig, wirklich konkret zu werden und ins Hier und Jetzt einzutreten. Und das klappt am einfachsten mit Listen oder auch Bildern, die du dir machst. Manche Leute haben auch viel Erfolg mit einem „Visionboard", das ist eine Pinnwand, an die sie alles heften und kleben, was mit ihrer Bestellung zusammenhängt. Man kann auch gut eine Collage machen mit Zeitungsschnipseln rund um alles, was mit der Bestellung zu tun hat.

Noch einmal angemerkt sei, daß manche Dinge, die ich im ersten Schuljahr lerne, später gar nicht mehr wichtig sind. Hier soll gelernt werden, im Hier und Jetzt zu sein und konkret zu werden. Wie wir nachher noch sehen werden, grenzt andererseits die zu genaue Formulierung einer Bestellung das Universum sehr darin ein, genau das zu liefern, was mir vielleicht am besten entsprechen würde. Bestelle ich mir beispielsweise Brad Pitt als Beziehungspartner, dann ist die Bestellung sicherlich seeeehr konkret und auch prima im Hier und Jetzt, aber ... Na ja, du merkst schon, manchmal machen wir es dem Universum ganz schön schwer, uns zu geben, was es uns gern geben möchte.

Im Jetzt bestellen

Denkbar ungeschickt ist es, in der Form „Ich möchte ein Haus haben" zu bestellen. „Ich möchte" ist das Gefühl von Sehnsucht und von Wollen, aber nicht Können. Ich sehe mich dann am Beginn des Weges, gehe aber nicht und komme darum auch gar nicht an. Ich stelle mir nur vor zu gehen. Das Gefühl ist „ich hätte gern". Aber ich will ja gar nicht. Statt dessen ist es viel besser zu bestellen: „Ein Haus zu haben ist wunderschön." Oder „Ein Haus steht mir zu." „Ich liebe es, ein Haus zu haben." Das ist ein klares inneres Bild, das ich mir vorstellen kann. Bei diesen Formulierungen bleibe ich in der Gegenwart und erzeuge kein Mangel- oder Sehnsuchtsgefühl, sondern ein gegenwärtiges Genußgefühl.

Das Bild selbst enthält ganz viele Details, die ich sehen und spüren kann: Ich fühle die Wände des Hauses, ich rieche den frischen Anstrich und den neuen Teppich. Alles riecht neu. Ich gehe ganz in das Gefühl, dieses Haus zu bewohnen und zu besitzen, und in die Freude an so einem Haus. Vergleiche mal dein Gefühl, wenn du sagst: „Ein Haus zu haben ist wunderschön mit „Ich hätte gern ein Haus." Was fühlt sich besser an?

Viele Menschen sind ja der Meinung, daß Bestellen so etwas ähnliches wie Beten ist. Gregg Braden hat in seinem Buch *Verlorene Geheimnisse des Betens* sehr schön beschrieben, daß ich beim Beten normalerweise genau in diesem Zustand von „ich möchte" bin. Im Gegensatz dazu würde ich mit einer Formulierung wie: „Ein Haus zu haben steht mir zu" etwas von Gott verlangen und fordern – aber das darf man ja nicht. Darum funktioniert nach Bradens Meinung das normale Beten auch leider nicht, da es den Mangel und das Wollen verstärkt („Oh bitte, bitte gib mir ..."), nicht aber die Erfüllung des Wunsches. Besser funktioniert daher auch das „Fühlbeten" der Indianer, auf das wir weiter unten näher eingehen.

Sehnsucht und Träumen

Wenn ein Wunsch nur sehr unkonkret formuliert wird, so hat dies oft damit zu tun, daß ich im Moment des Wünschens in einer Welt der Sehnsucht und des Träumens gefangen bin. Im Grunde bin ich darum im Moment der Wunschabgabe in den himmlischen Briefkasten gar nicht wirklich „hier". Vielmehr bin ich in meiner Sehnsucht gefangen, entweder im Träumen, wie schön es gestern war, oder in der Sehnsucht, wie schön es morgen sein könnte. In diesem Zustand kann ich aber gar keine inneren Bilder aufbauen, da ich mich selbst nicht fühle und verloren in diesem Traumland bin – ein bißchen wie Alice im Wunderland. Träumen ist weit entfernt vom Hier und Jetzt. Als Luftblase schwebe ich im Traumland, bin also nicht innen in meinem Körper, sondern befinde mich irgendwo auf der Umlaufbahn. So kann das Universum mich unmöglich finden!

Abhilfe schaffen kann man mit Spazierengehen, Fühlübungen, Massagen und allem, was mich meinen Körper mehr spüren läßt. Dann bin ich wirklich im Hier und Jetzt und kann meine inneren Bilder besser spüren und wirken lassen. Ich bin dann viel mehr bei mir und viel bewußter. Auch hier hilft das Aufschreiben der Wünsche dabei, konkret zu werden.

Fühlbeten der Indianer

Die Indianer kennen diese Form des Bestellens über Gefühle und klare innere Bilder schon seit Jahrtausenden. Da sie sich noch als Teil der Natur erleben, sind sie noch ganz mit dem Herzen verbunden. Darum brauchen sie den Zwischenschritt gar nicht, in dem ich mein Herz nach dem genauen Wunsch befrage. Wünscht sich ein Medizinmann Regen, dann stellt er sich vor, wie er im prasselnden Regen steht, wie die Wassertropfen auf dem durstigen Boden aufschlagen, wie er naß und nasser wird, wie der Regen über sein Gesicht läuft, wie er trinkt, wie die Pflanzen den Regen aufsaugen, wie der Regen riecht und schmeckt, wie er sich dabei fühlt, durstig den Regen zu trinken, und wie es sich anfühlt, wenn die Kleidung immer nasser an seinem Körper klebt. Und am Ende bedankt er sich bei Manitu als demjenigen, der ihm den Regen gebracht hat, so als ob es schon geregnet hätte. Na, wenn das nicht ein super Beispiel für das „Im-Hier-und-Jetzt-Sein" ist!

2. Fühlen und Bestellen

Vergangene Liebe ist bloß Erinnerung. Zukünftige Liebe ist ein Traum und ein Wunsch. Nur im Hier und Heute können wir wirklich lieben.

Mahatma Gandhi

Am Beispiel des Fühlbetens der Indianer ist deutlich geworden, wie wichtig beim Wünschen das Wahrnehmen meiner Gefühle ist. Denn: **Liebe wohnt in meinem Herzen. Ich kann sie einsetzen, wenn ich bewußt im Hier und Jetzt fühle.**

Normalerweise bin ich aber nicht im Gefühl, da ich nicht im Hier und Jetzt bin. Beides geht Hand in Hand. Fühlen und wahrnehmen kann ich eben nur im Hier und Jetzt. Sehr viele Aspekte und Konsequenzen für unser Leben, die mit diesem Verlernen des Fühlens zu tun haben, haben wir in unserem Buch *Fühle mit dem Herzen* bereits beschrieben. Hier sei nur kurz erwähnt, daß wir uns heute in einem neuen „Gefühlszeitalter" befinden, wo wir immer mehr lernen, dem Gefühl zu vertrauen und den Verstand weniger wichtig zu nehmen.

Um unsere heute und in Zukunft anstehenden Probleme lösen zu können, bedarf es, wie Albert Einstein sagt, einer anderen Denkweise, einer anderen Ebene als derjenigen, auf der diese Probleme erst entstanden sind. Und diese neue Ebene und Betrachtungsweise einzunehmen, genau dabei hilft uns unser Gefühl.

Gerade beim Wünschen ist immer die Komponente Gefühl dabei, die nicht außer Acht gelassen werden kann. Innen ist mein Gefühl, das ich im Moment des Bestellens habe und damit aussende. Es ist wie beim Autofahren: Der Verstand ist nur das Lenkrad, das die grobe Richtung einer Bestellung vorgibt. Mein Gefühl aber ist der Motor, der die ganze Kraft hat, mich zu meiner Bestellung hin zu befördern.

Natürlich ist dieses jeweilige Gefühl immer mit einer ganzen Reihe von inneren Bildern verknüpft, die ich unbewußt aussende und somit unterschwellig anziehe, das heißt bestelle. Da kann ich noch so bemüht sein, alles richtig zu machen, alles genauestens aufzuschreiben und Formulierungen ohne „nein" und „nicht" verwenden: Mein Gefühl im Moment des Wünschens ist entscheidend, denn es kreiert vorrangig meine inneren Bilder.

Ein typisches Beispiel ist die Bestellung, dünner zu sein oder Gewicht zu verlieren. Bin ich im Gefühl von „Ich bin dick, unansehnlich und nicht liebeswert", dann kann ich noch so genau formulieren und aufschreiben, mein Grundgefühl wird meine Bestellung torpedieren und zunichte machen. Ich werde dick bleiben, weil ich mich dick fühle. Hilfe würde hier zum Beispiel bringen, wenn ich jedes meiner Pfunde, das ich vermeintlich zuviel auf die Waage bringe, lieben könnte. Es geht hier wie überhaupt beim Bestellen vor allem darum, in ein gutes Grundgefühl zu kommen und dieses wirken zu lassen.

Daher ist klar: Wenn ich Bestellungen absende in dem Gefühl von Zweifel, dann wird dieser Zweifel – „Das klappt ja nie!" – dem Wunsch die Kraft rauben. Bestelle ich in dem Gefühl von Angst, dann wird die Angst alles überlagern. Innere Bilder von Angst werden noch mehr Dinge in mein Leben ziehen, die mir Angst machen, denn Angst zieht Angst an.

Da unsere inneren Bilder eigentlich immer für uns bestellen, und das andauernd, ist es am sinnvollsten, dann zu bestellen, wenn wir sowieso schon glücklich sind. Es reicht schon, wenn ich mich wenigstens einen kurzen Moment lang, in dem ich meine Bestellung absende, glücklich fühle.

Herzenswünsche sind definitiv stärker als Angstwünsche. Sie erzeugen in meinem Inneren mehr Licht, die inneren Bilder sind einfach stärker und kraftvoller. Begeisterte Gefühle erzeugen helle, freudige Bilder in mir, durch die ein besserer Kontakt zum Universum hergestellt wird. Traurige, enttäuschte Bilder haben keine Farben, sie sind nur grau und bauen so gut wie keine Verbindung zum Universum auf. Bin ich im Herzen, dann ist mein Motor, der mich zu meinen Wunsch hinbringen kann, viel stärker, als wenn ich in Frust und Trauer bin.

Übung: Ein guter Trick, um dir über die Wirkung der Gefühle beim Bestellen klarer zu werden, ist die Frage: Was strahle ich gerade aus? Was ist „in mir drin"? Stell dir vor, du wärst eine Sonne, die unentwegt ihre Wärme aus ihrem Inneren nach außen sendet. Die Strahlen treffen auf Pflanzen und Tiere und lassen sie wachsen und gedeihen. Das wäre das Bild, wenn du im Herzen bist. Wie würde das Bild sich verändern, wenn du wütend oder traurig bist? Was gibst du dann nach außen?

3. Ablehnung verhindert die Erfüllung

Denn was ist das Böse anderes als das Gute,
von seinem eigenen Hunger und Durst gequält?

Khalil Gibran

Mal angenommen, beim Beispiel des Fühlbetens der Indianer hätte unser Medizinmann schmollend und trotzig in der Ecke gesessen, statt sein Regenritual auszuführen. Denn es hat ja so lange nicht geregnet, und dieser doofe Manitu ist daran schuld. Das Weizenfeld vertrocknet, und der Medizinmann selbst ist nahe dran zu verdursten. O.K.; vielleicht hätte er sich irgendwann dann doch noch aufgerafft, hätte ein wenig (mehr schlecht als recht) mit seinem Tomahawk herumgefuchtelt, ein bißchen Feuer gemacht und dann darauf gewartet, daß es regnet. Natürlich regnet es dann nicht, und natürlich ist dann Manitu noch mehr schuld.

Abgesehen davon, an welches höhere Wesen ich glauben möchte – an Manitu, Gott oder das Universum –, mal Hand aufs Herz: Es gibt doch auch in meinem Leben eine Menge Situationen, in denen ich schmollend in der Ecke sitze und mich beschwere, zum Beispiel

- über den Chef, der mir keine Gehaltserhöhung gibt
- über meinen Expartner, der mir keine Alimente zahlt und nur Ärger macht
- über meinen Kollegen, der mich immer nervt
- über den Staat, der soviel Steuern von mir möchte
- über den Nachbarn, der immer so laut ist usw.

Dann kann der Regenzauber, äh, ich meine natürlich mein Bestellen, nicht funktionieren. Denn ich bin so mit dem Schmollen beschäftigt über all das, „was ich nicht habe", daß ich auf diese Weise ständig in den inneren Bildern des Mangels schwelge und darum natürlich noch mehr davon erzeuge. Und der andere ist natürlich an allem schuld, denn wenn er nicht wäre, dann wäre ja alles prima. Nur – über die Ablehnung gebe ich diesem Menschen ganz viel Energie, vielleicht macht der andere mir den ganzen Ärger ja genau darum? Damit ich ihm soviel Aufmerksamkeit schenke? Könnte doch sein.

Im Seminar üben wir uns öfter darin, mit dem Herzen zu sehen und wahrzunehmen. Dabei haben wir beispielsweise mal folgendes

Thema bearbeitet: „Warum fehlt meinem Partner die Romantik, nach der ich mich so sehne? Was in mir hat diese Situation erschaffen und warum?" Eine typische Antwort aus dem Herzen (dazu kommen wir im Detail im Abschnitt 7 von Kapitel I.) lautete:

Ich würde mir einen solchen Freund erschaffen, um zu erfahren, daß ich immer etwas brauchen werde. Würde er mir mehr Romantik geben, würde ich etwas anderes finden, das ich brauche. Es ist wie der Versuch, mich mit einem Taschentuch zuzudecken– immer bleiben einige Stellen unbedeckt, an denen es mich friert.

Nehme ich es in mein Herz, dann spüre ich, daß ich lernen soll, mir all das selbst zu geben. Ja am besten, ich gebe es gleich meinem Freund. Er kann es mir nur im Außen geben, wenn es innerlich schon da ist. Ich nenne es Romantik, aber was ist es, was ich brauche? Sicherheit? Gewißheit? Glaube?

Ich liebe den Teil in mir, der denkt, daß er etwas braucht, um glücklich zu sein. Ich nehme ihn in mein Herz. Ich nehme ihn an, so wie er ist.

Wenn ich etwas ablehne (wie hier den Partner, der mir anscheinend zu wenig Romantik schenkt), funktioniert mein wunderbares kosmisches Bestellmodul aber leider nicht. Dann bin ich nicht im Herzen und habe den Verbindungsstecker herausgezogen. Ich habe den Stecker herausgezogen, nicht etwa das Universum. Es ist immer online in Verbindung mit mir. Vor allem bin ich nicht im Herzen, wenn ich ganz viel Energie in die Vergangenheit schicke, zu Expartnern, Eltern, Freunden, mit denen ich innerlich immer noch Probleme habe und die ich mit Schuld und Ablehnung bedenke. Darum bin ich innerlich unfrei und kann vor allem die Bilder und Gefühle, die damit verbunden sind, nicht einfach loslassen. Meine Energie geht noch immer beispielsweise zu meinem Expartner, und allein darum kann ich keinen neuen Partner in mein Leben ziehen.

Je mehr ich meine Vergangenheit geklärt habe und frei bin von Schuld und Schuldvorwürfen anderen gegenüber, um so mehr kann ich auch im Herzen sein. Dankbarkeit, Freude, Liebe – sie alle haben wenig Platz in meinem Herzen, wenn es angefüllt ist mit Ablehnung und Schuldzuweisungen.

Ein Beispiel: Eine Freundin von uns wollte vor Jahren unbedingt ihr Kind im Geburtshaus zur Welt bringen. Als quasi Profibestellerin hatte sie ein ganz klares Ziel anvisiert, sie wollte zu 100 Prozent ins Geburtshaus. Für die Möglichkeit, im Krankenhaus zu entbinden, blieben summa summarum genau 0 Prozent, denn das wollte sie auf GAR KEINEN FALL. Das Krankenhaus wurde total abgelehnt. Was passierte? Ihr könnt es euch vielleicht vorstellen. Nach etwa zwölf Stunden erfolgloser Gebärversuche im Geburtshaus war sie nachher froh, endlich im ungeliebten Krankenhaus zu sein. Aber gut war es auf alle Fälle, denn wie sie nun gelernt hat, bindet die totale Ablehnung so viel Energie und Aufmerksamkeit, daß für den Wunsch und das, was man eigentlich möchte, kein bißchen Kraft mehr übrig bleibt.

Besonders wichtig ist es also, beim Bestellen bestimmte ungeliebte Möglichkeiten nicht gänzlich abzulehnen, sondern irgendwie zu akzeptieren oder anzunehmen: „Na gut, so toll ist es nicht, aber auch gut: Wenn es sein muß, nehme ich auch das Krankenhaus." Sobald das Krankenhaus akzeptiert ist und nicht mehr abgelehnt wird, bekommt es schlichtweg keine Energie mehr, und die Bestellung kann erfüllt werden. Wohlgemerkt: Es ist nur wichtig, die Ablehnung auf Null herunterzufahren, doch man braucht das Krankenhaus nicht auch noch zu lieben!

Zurück zum universellen Gesetz: Wie innen so außen. Wenn ich innerlich völlig damit beschäftigt bin, mich über meinen Chef, Partner, Nachbarn usw. aufzuregen, dann kann zukünftig in meinem Außen gar nichts anders werden. Denn ich halte diesen inneren Zustand ja dauernd am Köcheln. Damit wird auch deutlich, warum man beim Bestellen kein „nicht" oder „nein" verwenden sollte:

Wenn ich mir bestelle, nicht krank zu sein, dann kann ich gar nicht anders, als kurz daran zu denken, wie es sich anfühlt, krank zu sein. Ich fühle also unterschwellig vor und während der Bestellung immer: „Ich bin krank!", obwohl ich doch eigentlich bestelle: „Ich bin nicht krank!" Weil das Gefühl aber der Motor der Bestellung ist, funktioniert diese Bestellung überhaupt nicht. Besser ist es da, gleich zu bestellen: „Ich bin gesund", denn hierbei wird das innere Bild von Gesundheit mit dem dazugehörigen Gefühl eindeutig zu mehr Gesundheit führen.

„Nein" und „nicht" lehnt einen bestimmten Zustand ab. In unserem Beispiel die Krankheit. Verständlicherweise möchte ich auf gar keinen Fall krank sein. Natürlich wünschen sich ja gerade solche Menschen Gesundheit, die im Moment krank sind. Und natürlich beschäftigen sich kranke Menschen zwangsläufig sehr mit Krankheit. Besonders alte Menschen sind davon betroffen, sie reden sehr viel davon, wie schlecht es ihnen geht und lesen besonders gern die Todesanzeigen, um dann wieder mit allen Bekannten darüber reden zu können, wer schon wieder alles gestorben ist. Quizfrage: Welche Gefühle und inneren Bilder erzeugt das in mir, wenn ich mich innerlich ständig mit meiner Krankheit und nichts anderem beschäftige und an kaum etwas anderes mehr denken kann?

Was ich ablehne, mag ich nicht, und durch dieses Gefühl des Nichtmögens bestelle ich dummerweise genau das Abgelehnte. Im Grunde bestelle ich durch meine Ablehnung also genau das, was ich gerade **nicht** will. Und je größer mein Gefühl von Ablehnung ist, desto stärker bestelle ich immer wieder genau das Gegenteil von dem, was ich eigentlich möchte. Dies ist nicht selten der Grund, warum eine Bestellung nicht geliefert werden kann.

Ablehnung verhindert die Bestellung

Die Hawaiianer gehen soweit zu sagen: Wenn du etwas ablehnst, dann behinderst du den Fluß des Lebens. Denn Ablehnung ist das Gegenteil von Liebe, und Liebe ist alles, was ist. Durch die Ablehnung verlasse ich daher den Fluß des Lebens und baue statt dessen wie ein Biber eine Art Staudamm. Dann fließt das Leben nicht mehr. Der Stecker ist aus der Steckdose gezogen, ich bin nicht mehr in der Liebe und im Herzen. Das Bestellen funktioniert nicht mehr.

Liebe fließt immer, es sei denn, daß ich Dinge, Menschen oder Situationen in meinem Leben ablehne.

Oft ist mir meine Ablehnung gar nicht so bewußt. Aber sehr häufig verhindert sie die Auslieferung meiner Bestellung. Wenn ich mir zum Beispiel die optimale Stelle zur Selbstverwirklichung im Job wünsche, dann könnte es diese möglicherweise in Madagaskar geben. Oder mein Traumpartner lebt in einer anderen Stadt. Wenn ich die Lieferung meiner Bestellung annehmen möchte, dann gehen damit vielleicht eine ganze Reihe von Veränderungen einher: Umzug, neue Wohnung, Kosten und Mühen, Weggang von der Familie und Freunden. Und dagegen habe ich eine Abneigung, denn ich hänge allzu sehr am Gewohnten. Dann bestelle ich mir vielleicht eine neue Stelle mit der Einschränkung, daß sie in derselben Stadt oder derselben Firma wie bisher geliefert werden soll. Das ist aber nicht unbedingt das Allerbeste für mich, denn die allerbeste Stelle oder den allerbesten Partner gibt es vielleicht irgendwo anders.

Bei mir (Manfred) war das damals so ähnlich bei meinem Umzug von Köln nach München. Nachdem ich Bärbel kennengelernt hatte, stellte ich fest, daß ihre Eigenschaften sehr gut mit meiner Bestell-Liste übereinstimmten.

Ich hatte sie nach einer Punkteliste bestellt. Dummerweise hatte ich aber vergessen zu bestellen, daß meine Zukünftige bitteschön in Köln, meiner Heimatstadt, wohnen sollte. Aber sie wohnte in München! Na, schön und gut, es war schon gewöhnungsbedürftig, immer nach München zu pendeln, und noch mehr, dann auch nach München umzuziehen. Damit waren genau diese Konsequenzen nötig, die ich eigentlich nicht wollte: neue Stelle, neue Wohnung, neue Umgebung, neue Freunde – alles neu. Aber hätte ich es nicht so gemacht, dann wäre es ein klarer Fall von Annahmeverweigerung geworden. Und das wäre doch schade gewesen!

Sehr weit verbreitet ist dieses Phänomen bei vielen Menschen, die ihren Expartner zurückbestellen wollen. Wieder wird die Wahl fixiert und festgelegt, und dem Universum wird es so unmöglich gemacht, den wirklich besten Partner aus der Vielzahl der Möglichkeiten auszusuchen und zu liefern. Natürlich bin ich das Altbekannte am meisten gewöhnt, und ich muß mich am wenigsten umstellen. Aber ist es auch das Beste für mich?

Dieses Dilemma zeigt sich auch, wenn ich eine ganz lange und detaillierte Bestell-Liste mache, zum Beispiel für den Traumpartner. Jede neue Eigenschaft schränkt den Handlungsspielraum des Universums ein, mir das

Beste zu liefern. Denn wie wir schon gesehen haben, ist jede Festlegung auf eine bestimmte positive Eigenschaft des potentiellen Partners die Ablehnung des Gegenteils dieser Eigenschaft. Ich wünsche mir zum Beispiel einen großen Partner, weil ich kleine Leute nicht mag. Kleine Menschen lehne ich ab. Weil das Herz oder die Liebe aber keine Ablehnung kennen, wird beim Herzenswunsch alles zugelassen, wenn ich formuliere: „Ich wünsche mir den Menschen, der am besten zu mir paßt, der sich am besten für mich anfühlt." Ohne viele Punkte auf der Liste. Dann kann mir das Universum dies am allerbesten liefern. Es ist also ein bißchen wie beim Schreibenlernen: Wenn ich schreiben kann, brauche ich keine Hilfslinien mehr. Wenn ich bestellen kann (überzeugt bin, daß es funktioniert), brauche ich keine Listen mehr.

Übrigens ist dies schon lange ein heißer Diskussionspunkt zwischen uns beiden (Bärbel und Manfred). Ich (Manfred) hatte sie nämlich vor mehr als zehn Jahren über die oben genannte Liste bestellt. Darauf gab es allerdings nur wenige Bedingungen, wie sportlich, Körpergröße, Hobbies usw., so wie wir das aus Heiratsanzeigen kennen, dafür gab es sehr viele Punkte, die innere Qualitäten und An- und Einsichten betrafen. Meine Liste war wenig ausschließend, es durfte auch anders sein, und ich lehnte von vornherein eine potentielle „Gegenliste" nicht ab. Allerdings habe ich es leider versäumt, mir eine Frau zu bestellen, die kochen kann ...äähhm.

Bärbel ist dagegen ganz von Wunschlisten abgekommen, da sie ihrer Meinung nach zu sehr einschränken und die Lieferung am Ende doch irgendwelche „Nebenwirkungen" enthält, falls der Wunsch erfüllt wird. Bestellungen haben in dieser Hinsicht Ähnlichkeiten mit Medikamenten: Sie helfen zwar, haben aber häufig unerwünschte Wirkungen. Dies hat damit zu tun, daß mein Inneres immer mitbestellt, wenn auch unbewußt. So zeigen mir solche Nebenwirkungen einer Bestellung immer sehr schön in meinem Außen, daß es in mir noch ein paar Baustellen gibt, an denen ich arbeiten darf. Denn mein Partner muß ganz einfach diese Baustellen spiegeln, wie sollte es auch anders sein? Allerdings erkenne ich das nur schwer, da ein Spiegel die Wirklichkeit bekanntlich verkehrt, nämlich „spiegelverkehrt", abbildet. Das Außen entspricht damit nicht 1:1 meinem Inneren. Im weiteren Verlauf gehen wir darauf noch detaillierter ein.

Ideale

Neben Ablehnung gibt es noch einen weiteren wichtigen Hinderungsgrund, warum Bestellungen nicht funktionieren: mein Ideal. Es gibt einfach viel zu viele Dinge in meinem Leben, die ich ablehne, die mir gegen den Strich gehen. Statt dessen hätte ich es gern anders und besser in meinem Leben. Leider weiß ich aber nicht, wie ich eine wirkliche Verbesserung herbeiführen soll. Ich habe lediglich das vage Gefühl von: „Ach, es könnte besser sein" und bin völlig unzufrieden, mit dem, was gerade in meinem Leben real ist: Der Job macht keinen Spaß, der Partner ist doof, das Wetter ist schlecht. Und dahinter steht dann, meist unbewußt, mein Ideal: Der Job sollte besser sein, der Partner freundlicher, das Wetter immer gut. Mein Ideal entsteht bei der Ablehnung von etwas, das ich nicht mag. Das Ideal ist ganz einfach das Gegenteil von dem, was ich in meinem Leben ablehne.

Das Dumme ist nur, daß dieses Ideal meist unbewußt und damit unkonkret ist. Wie wir in Kapitel 1 schon gesehen haben, erzeugt das Unkonkrete leider keine deutlichen inneren Bilder. Das Universum weiß also nicht, was es da bitteschön liefern soll, es sieht mein Ideal nur in groben Umrissen und grau in grau. Deutlich sind hingegen die Bilder der Ablehnung von dem, was ich nicht mag: der doofe Job, der mich mißachtende Partner usw. Und die dazugehörigen Gefühle manifestieren genau dies in meinem Leben.

Was kann ich also tun? Zuerst einmal wäre es prima, sich die meist unbewußten Ideale bewußt zu machen. Dazu kann ich eine Liste verwenden von allen Dingen in meinem Leben, die ich doof, unausstehlich und völlig daneben finde. Wenn ich mir diese Liste dann ansehe, frage ich mich konkret: O.K., das will ich nicht – was will ich also statt dessen? Dann erstelle ich mir eine neue, eine „Positivliste" von dem, was ich wirklich möchte. Und schon bekommen meine Ideale viel mehr Hand und Fuß. Sie werden schärfer, nehmen Gestalt an. Ich schreibe mir ganz genau auf, wie ich es gerne hätte, damit meine inneren Bilder und Gefühle klarer werden. Dann kann das Universum sie auch entziffern.

Im Bärbel-Mohr-Forum tauchte dazu eine Frage auf: „Warum kann ich mich meinem Partner nicht genug hingeben?" Eine typische Antwort bei der Betrachtung durch die Herzensaugen war (Näheres dazu findet sich in Kapitel 7):

Wenn ich mich nicht hingeben könnte, dann hätte ich ein Ideal in mir, was Hingabe zu sein hat. Ganz toll, immer Liebe, volles Vertrauen. In mir würde sich Verzweiflung breitmachen, die aber nichts mit fehlender Hingabe zu tun hat, sondern damit, daß ich (und mein Partner) meinem Ideal von Hingabe nicht entsprechen. Die Nicht-Erfüllung meines Ideals von

Hingabe macht mich traurig und unglücklich. Ich bin nicht perfekt, ich bin unvollkommen.

Nehme ich es in mein Herz, dann wird mir leichter. Mein Gott, was für einen Druck habe ich mir da aufgebaut! Der Druck entweicht wie aus einem Luftballon, den ich loslasse. Mein Gott, wie aufgeblasen ich doch bin zu denken, wie toll und ideal ich doch bitteschön zu sein habe! Das Ideal ist eine Riesenluftblase, die verhindert, daß ich wirklich schätze und fühle, was jetzt wirklich ist. Mein Ideal steht vor mir und meinem Partner. Es steht vor meinem Glück. Ich sehe den Wald vor lauter Bäumen nicht mehr: Das Glück steht direkt vor mir. Wenn das Idealbild schrumpft, wird es sichtbar.

4.   Liebe und Dankbarkeit

Kämpfe gegen das, was ist, und du verlierst.
Jedesmal.

Byron Katie

Kommen wir noch mal auf den Medizinmann aus dem letzten Kapitel zurück. Angenommen, er hätte einen Kollegen, der bei den jährlichen Treffen im Druidenwäldchen immer das große Wort führen würde, worüber unser Medizinmann sich tierisch ärgern würde. Er regt sich so darüber auf, daß es seinen Geist vernebelt, ja er kann sogar an nichts anderes mehr denken als an diesen Blödmann. In welchem Zustand würde er dann wohl sein Regenritual ausführen. Glaubst du, es würde dann regnen?

Ärgerst auch du dich andauernd über dieselbe Person? Blockierst du deine Bestellfähigkeiten durch deine Ablehnung? Gibst du einem „Blödmann" auf diese Weise immerfort Energie? Wie kommst du aus dieser Sackgasse wieder raus?

Hier gibt es eine wundervolle Hilfe: die „Rüdiger-Technik". Rüdiger ist ein lieber Freund, der netterweise ab und zu auf unseren Seminaren dabei ist. Er hatte mal so einen nervigen Kollegen in seiner Firma und wußte, daß es für ihn sicherlich besser wäre, das Thema irgendwie zu verbessern oder sogar zu lösen. Dabei kam er auf die Frage: „Was hat der, was ich nicht habe? Was könnte ich von diesem „Blödmann" lernen?" Und er fand für sich heraus, daß er sich von dessen Selbstbewußtsein sicher eine große Scheibe abschneiden könnte, denn er selbst stellte sein Licht damals noch nur allzu gern unter den Scheffel.

In der Folgezeit tat er also vieles, um seine Selbstdarstellung nach außen hin zu verbessern. Je mehr er das tat, um so mehr verschwand seine Ablehnung gegen diesen Kollegen, und heute ist sie ganz weg. Dieser Kollege war eigentlich nur ein Entwicklungshelfer, um Rüdiger dazu zu drängen, sich selbst mehr von dieser Eigenschaft des Selbstbewußtseins einzuflößen. Sobald er selbstbewußt genug war, verschwand die Ablehnung gegenüber dem Kollegen ganz schnell. Heute ist Rüdiger diesem Kollegen sogar dankbar, denn ohne ihn hätte er sicher nicht so schnell mehr Selbstbewußtsein entwickelt. Freunde geworden sind sie nicht, aber Rüdiger steht dem Kollegen nun halbwegs neutral gegenüber.

Im Kapitel 3 wurde deutlich, daß ich mich durch meine Ablehnung von meiner Herzenskraft abschirme. Somit leuchtet euch wahrscheinlich ein, daß das Gegenteil von Ablehnung der beste Weg zur Aktivierung der Herzenskraft ist. Und das Gegenteil ist Liebe und Dankbarkeit. Denn schaffe ich es, innerlich immer öfter den Zustand von Liebe und Dankbarkeit zu bewirken, dann wird das Universum (das zwar nicht würfelt, aber dafür meine Gefühle und inneren Bilder lesen kann) schon dafür sorgen, daß mein Außen sich dementsprechend angleicht.

Hierzu ein Beispiel: Roswithas Kind sollte eingeschult werden. Es kamen dafür zwei Klassen in Frage. Roswitha und ihr Mann wollten unbedingt und ausschließlich die eine, bessere Klasse und die andere gar nicht. Die beiden wußten schon, daß sie möglichst jede Option akzeptieren sollten, die ihrem Kind offenstand. Die ungeliebte Klasse sollten sie also möglichst wenig ablehnen. Das war natürlich nicht so ganz einfach, immer wieder mußten sie an sich arbeiten, um das Gewünschte wirklich zu bekommen. Aber zum Glück schafften sie es, so daß Roswitha schließlich vermeldete, ihr Kind sei in die Klasse eingeschult worden, die sie so gerne wollte.

Das zeigt, wie hilfreich es für die Wunscherfüllung ist, immer weniger Dinge in meinem

Leben abzulehnen. Förderlich ist es hingegen, einen Zustand von Annahme, Liebe und Dankbarkeit herbeizuführen. Denn wie Byron Katie sagt: „Kämpfe gegen das, was ist, und du verlierst. Jedesmal." Denn das, was ist, ist ja bereits geschehen und nicht mehr zu ändern. Wenn ich es ablehne, ist es allerdings nicht vorbei, vielmehr imprägniere ich mein ganzes Wesen damit, daß ich es ablehne. Im Geiste bin ich noch immer damit beschäftigt – wie ein Flugzeug in der Warteschleife ohne Landeerlaubnis. Ich drehe mich innerlich im Kreis, beiße mir wie eine Katze selbst in den Schwanz und komme in dieser Hinsicht nicht zur Ruhe. So wird dieser Sache oder Situation, die ich ablehne, immer weiter Energie gegeben, wodurch die Chance sich vergrößert, daß dies immer wieder geschieht. Und das ist sicher nicht, was ich möchte. Liebe und Annahme und Dankbarkeit sind also sehr kostbare Gefühle und Qualitäten, die es wert sind, sie immer öfter in meinem Herzen zu verankern und zu hegen und zu pflegen. Denn: **Die Herzenskraft wächst durch Annehmen und Integrieren von Abgelehntem.**
Durch das Praktizieren von Liebe und Dankbarkeit lerne ich, mich selbst anzunehmen, und dies um so mehr, je besser ich das „blöde" Außen annehmen kann. Ich integriere die Schattenseiten in meinem Inneren, je mehr

ich die „Schatten" außen annehme, anstatt sie zu bekämpfen. Im Grunde komme ich dadurch mehr und mehr in meine Ganzheit und in meine Kraft, das heißt, ich komme immer mehr bei mir an, in meiner Mitte, meinem Herzen. Je mehr ich im Herzen bin, desto mehr gelingen mir auch meine Bestellungen. Und das ist es doch, was ich möchte.

5. Herzenswünsche sind am stärksten

Es gibt ein Ziel, aber keinen Weg. Was wir Weg nennen, ist Zögern.

Franz Kafka

Oft funktionieren Bestellungen nicht so gut, weil ich mir selbst gar nicht klar darüber bin, was ich eigentlich will. So verfehle ich mein Ziel und treffe daneben. Am besten zu sehen ist dies am Beispiel Geld: Ich wünsche mir einen dicken Batzen Geld, dann wird schon alles gut werden. Eigentlich will ich aber gar kein Geld, sondern ein Haus, ein Auto oder einen neuen Kühlschrank. Geld zu wünschen erzeugt keine klaren inneren Bilder, solange ich gar nicht so recht weiß, was ich damit anfangen will. Bei der Bestellung von wirklich großen Beträgen wie bei sechs Richtigen im Lotto kommt hinzu, daß ich ja gar nicht weiß, wie ich mich mit soviel Geld wirklich fühlen würde, das heißt, ich habe gar kein richtiges Bild für soviel Geld.

Statt mir also viel Geld zu wünschen, ist es besser, mir vorzustellen, was ich wirklich möchte: das Haus, das Auto, den Kühlschrank oder was auch immer. Damit entstehen klare innere Bilder, die ich mir sehr gut und plastisch ausmalen kann. Am besten frage ich mich selbst, tief in meinem Inneren, was ich eigentlich wirklich will.

Bestellungen, die ich in meinem Herzen finde und die mit Liebe aufgeladen sind, funktionieren am besten.
Manchmal ist es schwer, an mein eigentliches Ziel heranzukommen, es wirklich zu treffen. Und auch hier kann wieder das Herz helfen, indem ich mich mit ihm verbinde und frage: Was will ich wirklich? Oder: Was ist der eigentliche Wunsch hinter meinem Wunsch? Und das ist meistens ein bestimmtes Gefühl, das ich gern haben möchte, und zwar möglichst oft. Eigentlich steht hinter einer Bestellung fast immer das Bedürfnis nach einem bestimmten Gefühl, das ich vermisse.

Zum Beispiel: Ich wünsche und bestelle ich mir ein Wochenendhaus. Das, was aber eigentlich dahintersteckt, ist das Bedürfnis nach einem tiefen Gefühl von Ruhe und Alleinsein, um nach einer streßreichen Arbeitswoche einmal richtig ausspannen zu können. Schlimmstenfalls liefert mir das Universum dann ein Häuschen an der Nordsee, wenn ich in München lebe, und allein die Hin- und Rückfahrt bereiten mir dann wieder soviel Streß, daß die ganze Erholung dahin ist. Frage ich aber mein Herz, dann kann ich auch in München ausspannen und mir die Ruhe gönnen, vielleicht sogar ohne dazu ein Ferienhäuschen zu brauchen.

Verstehst du? Wenn ich mir etwas bestelle und es auch bekomme, aber gar nicht weiß, was ich eigentlich wirklich wollte, dann geht es mir nachher keinen Deut besser. Ich habe zwar, was ich wollte, kann es aber gar nicht richtig schätzen. Wenn mir aber klar wird, was ich eigentlich brauche, wird es leichter, mein Bedürfnis zu erfüllen und Gefühl herbeizuführen, das ich gerne hätte.

Übung: Erinnere dich an deine Kindheit. Was hast du wirklich gern gemacht? Bei welchem Spiel und welcher Tätigkeit hattest du ein gutes Gefühl? Schreibe dir ruhig ein paar Dinge auf, die dir einfallen. Und dann frage dich: Wann hast du dieses Gefühl das letzte Mal verspürt? Was könntest du tun, um dieses Gefühl wieder öfter zu haben? Wie könntest du dein Leben verändern, um diesem Gefühl wieder mehr Platz in deinem Tagesablauf zu schenken? Nimm dir fest vor, diesem Gefühl wieder mehr Raum in deinem Leben zu geben.

6. Für alle Menschen bestellen

Das Ich will nehmen, das Selbst will geben.

James Twyman (*Der Moses-Code*)

Wenn ich ab einem bestimmten Punkt genügend Erfahrung mit dem Bestellen gesammelt habe, dann funktioniert es eigentlich ganz gut, aber irgendwie doch nicht immer. Ein wichtiger Aspekt, warum Bestellungen manchmal nicht erfüllt werden, ist das Schatten-Ego. Jeder hat in sich einen leuchtenden, weisen Anteil und einen Schattenanteil. Wobei wir es für keine sehr gute Idee halten, generell vom „bösen Ego" zu sprechen, wie dies zum Teil sehr verbreitet ist. Denn damit sagen wir unserem Unterbewußtsein, daß unser Ich grundsätzlich schlecht ist. Das sind überholte alte Vorstellungen vom Menschen, der schon als Sünder geboren wird und grundsätzlich schlecht ist. Aus unserer Sicht ist das Gegenteil richtig: Der Kern des Menschen ist reine Liebe. Doch da gibt es eben auch Schattenanteile in uns, die genauso zum Menschsein dazugehören und mit denen es umzugehen gilt. Wir nennen diese Aspekte der Einfachheit halber das Schatten-Ego.

Unser Schatten-Ego ist in der Regel das, was in uns am lautesten spricht. So laut, daß wir die Stimme des Herzens gar nicht hören können. Wenn ich lernen möchte, mein Herz besser wahrzunehmen, funkt das Schatten-Ego, der innere Schweinehund dazwischen. Besonders, wenn es um andere geht, schreit mein Schatten-Ego: „Alles nur für mich!" Denn es denkt, daß die anderen viel mehr haben als ich. Das Schatten-Ego ist immer im Mangel und immer neidisch auf das, was die anderen vermeintlich mehr haben.

Auch beim Bestellen spricht das Schatten-Ego ein Wörtchen mit, das ist nicht zu vermeiden. Je besser das Bestellen funktioniert, desto toller und überlegener findet das Schatten-Ego sich. Und um so praller füllt es seinen Bauch mit dem, was es meint zu wollen.

An diesem Punkt passiert etwas ganz Wundervolles: Das Universum greift ein. Das ist jetzt nicht die Raumpatrouille oder die kosmische Polizei, die sich melden, nein, es ist wieder eine Art kosmisches Gesetz, das sich hier zeigt. Und das ist ganz einfach, du kennst es schon: **Gegensätze ziehen sich an.**

Das lernen unsere Kinder schon bei ihrem Magnet-Baukasten. Da gibt es eine positive und eine negative Ladung. Und die beiden ziehen sich an, genauso wie der Atomkern die Hülle der Elektronen anzieht oder die Kühlschranktür den magnetischen Sticker.

Die universellen Gesetze gelten sowohl im sichtbaren wie auch im unsichtbaren Bereich. Was also für Elektronen oder Magnete gilt, gilt auch für Gefühle: Gegensätze ziehen sich an! Will ich darum ein bestimmtes Gefühl nur für mich, ziehe ich im Außen wie ein Magnet das Gegenteil an. Dann entsteht erst der doofe Nachbar oder der ungerechte Chef in meinem Dunstkreis. Je besser es mir geht, um so mehr spüren das andere Menschen und werden angezogen. Das ist ungefähr so, als wäre ich ein gutes, urwüchsiges Weideland, das immer mehr Tiere anzieht, um hier zu grasen und zu leben. Je mehr das gute Gefühl, das Glück oder die Liebe in mir wachsen, um so mehr werden die Menschen davon angezogen, so als wäre ich eine sprudelnde Wasserquelle für Durstige.

Behalte ich die Liebe nur für mich, ziehe ich ihr Gegenteil im Außen an.

Den Vergleich zwischen Liebe und Wasser hat übrigens unseres Wissens nach das erste Mal der Erdheiler und Geomant Marko Pogacnik gezogen. Er meint, Wasser sei die Liebe der Erde. Betrachten wir die folgenden Aussagen, so könnten sie in der Tat ebenso gut auf die Liebe zutreffen:

- Wasser ist in allem enthalten, im Menschen zu etwa 80%
- Wasser ist der Ursprung des Lebens
- Jedes Lebewesen braucht Wasser
- Wasser ist das wichtigste Transportmittel im Körper
- Alles, was wächst, braucht dazu vor allem Wasser.

Doch zurück zu unserem Schatten-Ego. James Twyman schreibt in seinem Buch *Der Moses-Code*, daß die Liebe das Selbst immer vereinen möchte, das Schatten-Ego hingegen trennen. Ein Gedanke dazu wäre, daß vielleicht jede Anziehungskraft auf die innewohnende Liebe zurückzuführen sein könnte. Wenn überall, in jedem Teilchen, Liebe enthalten ist, so wie Wasser in allem Lebendigen, dann wäre das eine witzige Erklärung für die Gravitation: Der Mond zieht die Erde an, weil er sie liebt und sie ihn. Klingt irgendwie hübsch, nicht wahr?

Dazu noch eine Überlegung: Wenn Wasser etwas mit Liebe zu tun haben sollte, dann ist zu beachten, daß Wasser ja in verschiedenen Aggregatzuständen vorkommt. Wasser im Sinne von Gefühlen würde dann in seiner gefrorenen Variante für „eingefrorene", also nicht gelebte Gefühle stehen. Irgendwie scheint diese Analogie zu passen, denn ein nicht gelebtes Gefühl erzeugt offensichtlich

Gefühlskälte. Interessanterweise bilden die gefrorenen Wassertropfen des Forschers Masaru Emoto bei „nicht gelebten Gefühlen" oder „Streß" gar keine Kristalle, sondern formen häßliche, formlose Schlieren. Nur wenn die Energie fließt, wenn die Gefühle gelebt werden, bilden sich die schönsten Kristalle.

Die Tatsache, daß die Pole und Gletscher unserer Erde derzeit schmelzen, könnte bedeuten, daß die Gefühle nun wieder ins Fließen kommen, sozusagen gelebt werden oder daß die Liebe wächst und immer mehr Menschen in ihrem Herzen ankommen. Auch wenn das den Eisbären erstmal weniger gefallen wird, so ist es doch ein tröstlicher Gedanke bei all den Befürchtungen, was die Zukunft angeht, besonders auch im Hinblick auf das Jahr 2012 und das Ende des Maya-Kalenders.

Und das ist gar nicht so weit hergeholt. Joachim-Ernst Berendt beschreibt in seinem Buch *Es gibt keinen Weg. Nur gehen*, daß Pflanzen, die sonst überall auf der Welt Stacheln und Dornen, Gift und andere Abwehrstoffe besitzen, auf Hawaii dornen- und wehrlos heranwachsen. Sogar die hawaiianische Minze schmeckt milder als die europäische. Eine Erklärung dafür liefert die aktuelle Entwicklung: Je weiter sich die westliche Zivilisation mit ihrem Aggressions- und Ausbeutungsdenken auf Hawaii ausweitet, um so häufiger findet man auch hier jetzt Pflanzen mit Dornen, Stacheln und giftiger Abwehr. Offensichtlich gibt es doch einen stärkeren Zusammenhang zwischen der Natur und uns, als wir bisher angenommen haben.

Doch zurück zum Bestellen: Je mehr ich in guten Gefühlen und im Glück bin, um so mehr ziehe ich auch das Gegenteil in mein Leben.

Beispiel: In meinem (Manfreds) ersten spirituellen Retreat trafen mich böse Blicke, und einige alte Hasen beschimpften mich geradezu in der Art: „Was machst du denn hier? Du Neuling senkst unsere Energie, wir haben hier seit zehn Jahren intensiv gearbeitet, und nun kommst du und willst davon profitieren? Geh und mach deine Arbeit selbst, wir geben dir nichts ab von unserem Wissen und unserer Energie!"

Diese Menschen wollten nicht teilen. Da wollen alle wachsen und wissen, aber abgeben wollen sie nicht. Diese Menschen waren sicher mehr in der Liebe und Annahme als ich, aber sie wollten dies für sich behalten und nichts abgeben. Und so verhindern sie mit Sicherheit ihren eigenen weiteren Fortschritt. Denn was sie mir gegeben haben, geben sie sich selbst.

Ein weiteres Beispiel: Der Sufi-Meister Pir Vilayat Khan vergleicht das geistige Wachstum eines Menschen gern mit einem Wasserglas. Ist viel Wissen in einem Menschen angekommen, ist das Glas schließlich randvoll. Es geht nichts mehr hinein, so sehr er sich auch plagen wird. Gibt er jedoch seine Weisheit und sein Wissen an andere Menschen weiter, dann füllt er die Wassergläser der anderen, indem er sein Glas leert. Und so bekommt sein Glas wieder Raum für neue Weisheiten.

Erst durch das Weitergeben von Wissen schaffe ich also Raum für weitere Weisheit. Durch Lehren lerne ich. Erhebe und unterstütze ich andere, unterstütze ich eigentlich immer auch mich selbst.

In unserer 2009 begonnenen Ausbildung zum „Coach für positive Realitätsgestaltung" legen wir immer sehr viel Wert darauf, in Gruppen zu arbeiten und auch im Heimatort eigene Übungsgruppen zu gründen. In einer Gruppe lernt man nämlich sehr viel mehr und schneller als allein.

Als Lehrer kann man nur lehren und unterrichten, wenn Schüler vorhanden sind. Nur so bekommen wir als Lehrer die Gelegenheit, unser Wissen weiterzugeben und dabei zu spüren, was wir schon können und was nicht. Dadurch wachsen wir als Lehrer ebenso wie die Schüler.

So können wir also vom Bild des Wasserglases lernen: Weite deinen Wunsch weiter aus und bestell gleich für andere Menschen mit, beziehe dein Umfeld, deine Familie oder gleich alle Menschen mit ein. Gib dein Wasser an andere weiter und teile es mit ihnen. Eine Affirmation wäre: „Möge sich diese Situation für mich und für alle Beteiligten zum Besten fügen und verändern." Diese Affirmation ist besonders dann nützlich, wenn du beim besten Willen keine Formulierung findest, die eine Lösung bringen würde. Dann bestellst du im Grunde gleich „für alle".

Das Bestellen des Gegenteils

Wer einen Schritt weitergehen möchte, der bestellt in dieser Form: „Möge sich dieser Trottel zu seinem vollsten Potential entwickeln. Möge mein dummer Chef ins Licht finden. Möge dieser ungerechte Mensch lernen, gerecht zu werden." Bestell dir einfach bei jedem Menschen, der dich aus irgendeinem Grunde nervt, daß er sich zu seinem Gegenteil entwickelt. Nicht im Sinne von Manipulation, sondern im Sinne von guten Wünschen. Ich wünsche ihm, daß er zu seinem höchsten Potential findet, daß er positive Qualitäten entwickelt, ich wünsche ihm vollkommenes Glück. Denn ein wirklich ganzheitlich glücklicher Mensch geht automatisch auch positiv mit anderen Menschen um.

Das ist viiiel besser, als dich über ihn zu

ärgern und ihm damit deine Energie zu schenken. Bei dieser Bestelltechnik ist mir schon bewußt, daß das Negative nur noch verstärkt wird, wenn ich es weiter ablehne. Da ich aber nicht weiß, wie ich mit meiner Ablehnung umgehen soll (sie ist halt einfach noch da), bestelle ich für diesen Menschen einfach eine Verbesserung oder gleich „das Beste". Hier auf dieser Ebene des Bestellens ist das Problem noch immer außen. Beim der Technik des „Hoppens", um die es im nächsten Kapitel geht, verlegen wir das Problem gleich nach innen und übernehmen so die Verantwortung für das „Problem" selbst.

Diese Idee des „Bestellens des Gegenteils" stammt übrigens von einer lieben Freundin namens Momo. Ihre (zugegebenermaßen noch nicht ganz vollkommene) erste Fassung einer solchen Formulierung lautete: „Ich schicke dir Licht, du Depp". Na ja, das kannst du doch sicher noch besser, oder?

Wer diese Technik gern weiter ausbauen und probieren möchte, der kann auch „die Kraft des Betens und des Segnens" (Gregg Braden: *Verlorene Geheimnisse des Betens*) dabei einsetzen. Denn dahin ist es nur noch ein kleiner Schritt. Wenn mich jemand nervt und ärgert, dann kann ich (statt mich darüber tagelang aufzuregen) diesem Menschen einfach eine Art „Segen" schenken: „Möge dieser

Mensch Verständnis und Mitgefühl entwickeln." Oder: „Möge dieser Mensch Dankbarkeit erlernen." Du kannst alles ausprobieren, was dir an positiven Qualitäten einfällt. Schau dir an, was genau dich nervt, und segne oder bestelle, daß dieser Mensch mehr von dem Gegenteil entwickelt. Falsch wäre eine Formulierung, die mal ein Teilnehmer eines Seminars bei einer Aufstellung seiner Bestellung verwendet hat: „Ich wünsche mir, daß mein Arbeitskollege wieder seine Depressionen zurückbekommt."

Achte wie immer einfach auf dein Gefühl. Mach es so, wie es sich für dich richtig und stimmig anfühlt. Wir haben sehr gute Erfahrungen damit gemacht, bestimmte Eigenschaften und Qualitäten gleich für alle Menschen mitzubestellen oder sie zu segnen. Probier es doch einfach mal aus: „Ich bestelle für alle Menschen mehr Liebe und Freude. Ich schenke meine Liebe allen Menschen. Ich gebe meine Liebe meiner Firma." Und so weiter. So oder so ähnlich. Die Formulierung ist dabei nicht das Entscheidende. Wichtig ist eher, daß du es ganz im Gefühl machst und dich auch ganz mit der Liebe verbindest.

Aus diesem „Bestellen des Gegenteils" haben wir dann vor ein paar Jahren eine neue Bestelltechnik entwickelt: das Hoppen, und dazu kommen wir nun.

7. Hoppen: Das Auflösen von Problemen

Das beste Mittel, sich kennenzulernen, ist der Versuch, andere zu verstehen.

Clemens Brentano

Oftmals sind gerade diejenigen Dinge in meinem Leben am schwierigsten „wegzubestellen", die mich am meisten beschäftigen und auch nerven: meine Probleme. Sie sind so was von resistent gegenüber jedwedem Bestellen, daß es zum Mäusemelken ist. Wie schon gesagt, liegt das ganz oft einfach an meiner totalen Ablehnung einer bestimmten Situation oder eines bestimmten Menschen. Je mehr ich ablehne, desto mehr Energie gebe ich in diese bestimmte Sache. Und desto mehr betoniere ich damit diese Situation in meinem Leben.

Was ist also zu tun, um die problematischen Dinge in meinem Leben zu verändern? Das Gegenteil von Ablehnung! Ein erster Schritt in diese Richtung war ja schon das „Bestellen des Gegenteils". Hier komme ich zwar immer noch nicht so ganz zum Beispiel mit einem ungehobelten Menschen klar, aber immerhin kann ich schon für ihn bestellen, daß er rücksichtsvoller oder galanter wird. Ich bestelle dies quasi für ihn UND mich, damit ich weniger genervt werde. Dieser Mensch ist mit in die Bestellung eingeschlossen, das heißt, nicht nur ich allein habe den Nutzen davon. Dazu bedarf es allerdings schon ein paar liebevoller Gedanken an diesen Menschen. Damit ist meine Ablehnung gegen ihn nicht mehr so massiv. Das Bestellen wird in einem solchen Zustand also schon ganz gut gelingen können.

Nun kommen wir zu einem weiteren Quantensprung: Ich beschäftige mich nicht mehr mit meinem Problem als etwas, das außerhalb von mir liegt, sondern ich verlege das Problem sozusagen nach innen, in mich selbst. (Schluck. Was machen die denn jetzt mit mir, mag der Leser nun fragen.)

Keine Angst, tut gar nicht weh, macht nur etwas schwindelig im Kopf. Denn diese Sichtweise ist neu und sollte daher sehr langsam in die innere Festplatte integriert werden. Mein Bild davon ist ähnlich wie bei der Plattentektonik der Erde: Die einzelnen Platten der Erdkruste reiben sich aneinander, und manchmal kommt es dabei zu Erdbeben. Bei der Sichtweise des Hoppens ist es so ähnlich: Die „inneren Platten" des Denkens werden neu sortiert, und das mag durchaus sehr ungewohnt sein.

Der Ursprung des Hoppens geht auf die Jahrtausende alten Wurzeln der Hawaiianer zurück. Diese kennen schon seit alters her eine Technik, die aufkommende Probleme und Streitigkeiten in ihrem Clan verhindern konnte. Sie nennen sie Ho'oponopono: etwas tun, um innerlich wieder in Frieden zu kommen. Denn durch den inneren Frieden entsteht automatisch der Frieden auch im Außen. (innen = außen, erinnerst du dich?)

Für die Hawaiianer wird der innere Frieden gestört durch alle negativen Gedanken und Gefühle, die im Inneren brodeln. Angst, Zweifel, Wut, Schuld – was auch immer in mir entsteht und nicht den inneren Frieden, die Seelenruhe, verstärkt, ist aus hawaiianischer Sichtweise gewissermaßen „krank", damit ungesund für Seele und Körper und sollte daher schnellstens „geheilt" werden. Am einfachsten zu verstehen ist diese Sichtweise, wenn jedes Gefühl, jeder Gedanke als ungesund betrachtet wird, der irgendwie impliziert: Das ist nicht gut. Das ist schlecht. Etwas, das jetzt gerade in meinem Leben ist, macht mir Angst. Es macht mich wütend, es läßt mich Schuld spüren. Es läßt mich zweifeln, daß alles in meinem Leben richtig und in Ordnung ist.

Um beim eben genannten Beispiel zu bleiben, gehe ich beim Hoppen davon aus, daß ein ungehobelter Mensch in meinem Leben nur auftauchen kann, wenn in meinem Inneren etwas nicht in Ordnung ist. Meine innere Unordnung bewirkt erst den ungehobelten Mensch in meinem Außen, es zieht ihn erst an. Dafür übernehme ich die volle Verantwortung.

Der oberste und tiefste Glaube der Hawaiianer besagt aber nun: Alles ist gut. Alles ist richtig, also auch der blöde Chef. Wenn etwas in mir diesen Chef ablehnt, dann muß in mir etwas nicht in Ordnung sein. (Dies ist eine Sichtweise, die nicht jeder sofort einnehmen kann und auch nicht muß. Ich darf mir auch erlauben, die Leiter des Bewußtseins stufenweise zu erklimmen.) Jeder Gedanke und jedes Gefühl, das nicht im Einklang mit diesem obersten Glaubensgebot steht, ist daher irreführend und kann somit schnell zu Verwirrung oder Krankheit führen. Diese ablehnenden Gedanken und Gefühle sollten daher schnellstmöglich „geheilt" werden.

Einfach formuliert entstehen also meine Probleme aus Sicht der Hawaiianer dadurch, daß ich etwas, das ist, ablehne. Erst durch meine Ablehnung, daß alles in meinem Leben gut und richtig ist, entstehen meine Probleme. Zum Glück führen die Hawaiianer aber nicht alle Ablehnung, die wir so haben, auf uns selbst zurück. Viele Ablehnungen stammen aus unserem Unterbewußtsein, und wurden auf mich schon durch meine Ahnen übertragen. Ich bin eigentlich genauso wie meine Umgebung unschuldig und spiele Programme ab, die irgendwann historisch, karmisch, kollektiv, von der Ahnenlinie auf mich und mein Unterbewußtsein aufgespielt wurden. Aber, ganz wichtig: Diese Programme laufen innen auf meiner Festplatte ab. Mein Außen kann gar nichts dafür. Es ist meine Sichtweise, meine Interpretation, die falsch ist. Alles ist gut, es wird auch wieder gut sein, wenn ich nur wieder innerlich meinen Frieden herzustellen vermag. Und das vermag Ho'oponopono oder die vereinfachte und neuzeitlichere Form davon: unser Hoppen. Durch Hoppen erlaube ich das innere Reinigen und Aufräumen, und es wird sich Vollkommenheit in meinem Leben einstellen.

Wie geht das nun ganz praktisch? Angenommen, du ärgerst dich über jemanden oder über eine bestimmte Situation. Dann stellst du dir ganz einfach innerlich vor, dieser andere zu sein und dich so zu verhalten, wie er sich – ärgerlicherweise – dir gegenüber verhält. Und dann stellst du dir innerlich (in deinem Herzen) die Frage:
– Wenn ich mich so verhalten würde wie dieser andere, warum würde ich das tun? Oder:

– Wenn ich der andere wäre, warum hätte ich mir diese Situation erschaffen?

Sobald du einen Grund gefunden hast, sagst du zu dir selbst:

– Es tut mir leid.
– Ich verzeihe mir.
– Ich liebe dich/mich. (Du sprichst dabei zu dir selbst, du liebst dich selbst und den Grund, den du in dir gefunden hast.)

Diese Art der Fragestellung nennen wir die **Verständnis-Technik**. Egal, welche Sätze du gefunden hast, wiederhole sie mehrmals und beobachte, ob sich dabei in dir, deinem Gefühl oder deinen inneren Bildern zu der Situation etwas ändert.

Du hast dir nun vorgestellt, warum du so handeln würdest, wenn du der andere wärst. Im zweiten Schritt fragen wir nun nach dem eigenen Anteil. Du fragst dich nun selbst: Warum habe ich mir solch eine Situation erschaffen? Weil das oft am Anfang schwierig ist, empfiehlt es sich, diese Frage gleich in einer kleinen Gruppe zu stellen. Jeder Teilnehmer fühlt sich dann stellvertretend für dich in die Situation ein. Sobald du einen Grund gefunden hast, sagst du (und jeder Teilnehmer) wieder zu sich selbst: „Es tut mir leid" und „ich liebe dich".

Die Antworten sind oft sehr spannend und öffnen uns die Scheuklappen für das, was wir nicht sehen wollen. Hoppen ist darum in unserem Sprachgebrauch das „Schauen mit den Herzensaugen". Zwei Beispiele für diese „Sichtweise des Herzens" haben wir dir schon im Kapitel 3. genannt.

Das, was ich als Antwort finde, nehme ich in mein Herz und gebe ihm meine ganze Liebe – das ist auch schon die **Herzens-Technik**. Ich sage mir dabei: „Was auch immer dieses Problem in meinem Leben herbeigeführt hat, es muß mit mir zu tun haben. Und der Teil in mir, der dieses Problem erschaffen hat, den nehme ich in mein Herz und gebe ihm meine ganze Liebe." Ich lasse so die Liebe wirken und warte wie bei der Bestellung auf das positive Ergebnis, die Rückantwort des Universums darauf.

Sei da ruhig mutig und mache es wie beim Bestellen – einfach so, wie es sich richtig anfühlt. Es ist tausendmal besser, es so zu machen, wie du es eben kannst, als es gar nicht zu machen, weil du denkst, du kannst es nicht!! Dann tut sich mit Sicherheit nichts, denn dann setzt du deine Liebe nicht ein.

Die genaue Technik und viele Erfahrungsberichte zum Hoppen sind verewigt in unserem Buch *Cosmic Ordering – die neue Dimension der Realitätsgestaltung aus dem alten hawaiianischen Ho'oponopono* (mit DVD zum Mithoppen und Üben).

Für uns ist das Hoppen sozusagen „die neue Dimension des Bestellens und der Realitätsgestaltung", da hier die Liebe wirken kann und wir lernen, auf die Stimme unseres Herzens zu hören. In der Gruppe kommt das Hoppen außerdem aus immer tieferen Herzensebenen. Sobald zwei oder mehr Menschen zusammenkommen, um gemeinsam und füreinander aus dem Herzen etwas zu lösen, entsteht eine Kraft, die weitaus größer ist als die Summe der Einzelteile. Das ist einfach eine universelle Regel, die auch schon in der Bibel zu finden ist. Sinngemäß heißt es da: „Wo aber zwei oder mehr in meinem Namen zusammenkommen, bin ich mitten unter ihnen."

Wann immer wir zu mehreren aus der Kraft des Herzens hoppen, kommen wir in viel größeren Schritten voran, als wenn wir es alleine im stillen Kämmerlein tun! ☺

Genau genommen sind es drei Annahmen, die neu sind und durch das Hoppen bestätigt werden:

1. Ich verlege mein Problem nach innen, es ist mein Teil in meinem Inneren, der geheilt und geliebt werden möchte. Dann löst sich mein Problem in Luft auf. Das Außen ist sozusagen unschuldig, ich übernehme beim Hoppen die ganze Verantwortung für mein Leben selbst.

2. Es gibt eine Instanz in mir, die das Problem lösen kann, und das ist meine Liebe. Sie ist immer da, ich kann sie einsetzen und sie wird mir helfen. Ich brauche mein Problem noch nicht einmal genau zu kennen, die Liebe wird es in meinem Unterbewußtsein finden und heilen.

3. Mein Herz gibt mir eine Antwort, wenn ich es in Liebe frage. Je mehr ich das Hoppen übe, um so mehr lerne ich, diese Stimme der Liebe und des Herzens in mir zu finden und zu hören. Ich beginne dann, Vertrauen in diese Stimme zu entwickeln.

Wie in der Mathematik wurden beim Hoppen drei Annahmen gemacht und durch den Beweis bestätigt: Das Feedback des Lebens hat dann gezeigt, daß diese Annahmen richtig sind. Außerdem liefert die Verständnis-Technik eine ganze Reihe von interessanten Antworten auf die Frage, warum sich mein Umfeld und meine Mitmenschen gerade so komisch verhalten.

Gestern war eine gute Freundin bei uns, die schon seit mehr als einem Jahr mit uns hoppt. Jetzt sagt sie: „Hoppen ist das Beste, was mir passieren konnte." Sie hoppt alles, was nicht niet- und nagelfest ist. Sie sagt, statt sich zu ärgern, darüber zu sprechen und zu diskutieren, fragt sie sich immer wieder: „Wenn ich mich so verhalten würde ... Warum habe ich mir das erschaffen ..." usw. Und sie bekommt ganz wunderbare Antworten, die ihr in ihrem Leben sehr helfen.

Probleme im Leben sind also lösbar und nicht mehr schicksalhaft. Ich bin in der Lage, sie zu verbessern, und bin ihnen daher nicht ausgeliefert.

Liebe kann meine Probleme verwandeln und auflösen. Ich muß sie nur darum bitten.

Ein Problem kann im Hinblick auf deine Bestellung natürlich darin liegen, daß eine Lieferung einfach nicht eintreffen will, so gut du auch bestellt hast. Die nicht ausgelieferte Bestellung ist somit dein Problem. Beim Hoppen würdest du zum Beispiel formulieren:

„Ich liebe den Teil in mir, der verhindert, daß meine Bestellung zugestellt wird." Oder:

„Ich liebe den Verhinderer in mir, der die Auslieferung meiner Bestellung bis jetzt verzögert." Ich kann auch mein Herz fragen, warum ich die Bestellung bis heute verhindert habe.

Ein Beispiel: Im Bärbel-Mohr-Forum bat eine Frau darum, gemeinsam einen Familienzwist zu hoppen. Ihr neuer Partner stritt sich sehr oft mit seiner Stieftochter (ihrer Tochter), die in der gemeinsamen Wohnung mit ihnen wohnt. Nach dem Hoppen schrieb die Frau folgendes ins Forum:

„Ich kann es gar nicht glauben, aber heute

Nacht um 3 Uhr weckte mich mein Mann, um mir mitzuteilen, er habe nachgedacht und gemerkt, daß er eifersüchtig auf meine Tochter sei und sich deshalb oft so beleidigend verhalte. Und ihm sei aufgefallen, daß er ja durch sein Verhalten unsere Beziehung eher gefährde als verbessere, und das wolle er nicht ...

Mir ist fast die Kinnlade runtergefallen, als er mich an seinen ganzen Erkenntnissen teilhaben ließ. Jetzt bin ich mal gespannt auf die praktischen Ergebnisse, aber ich kann jetzt schon sagen, daß ich bisher nur selten erlebt hatte, daß er offen über seine Gefühle – besonders die „negativen" – gesprochen hat. Ich bin sehr beeindruckt."

8. Liebe ist das, was ich gebe

Die Liebe allein versteht das Geheimnis, andere
zu beschenken und dabei selbst reich zu werden.

Clemens Brentano

Beim Hoppen wurde deutlich, daß meine Probleme verwandelt werden können, wenn ich einfach mal von drei Annahmen ausgehe:

1. Das Problem liegt eigentlich nur in mir, in meinem Unbewußten.
2. Liebe kann dieses Problem lösen.
3. Mein Herz kann mir sagen, warum das Problem auftaucht.

Diese Annahmen geben mir so ganz nebenbei auch etwas sehr Wichtiges: Selbstverantwortung für mein Leben. **Es muß sich niemand mehr ändern, damit ich glücklich bin. Ich kann mich (mein Unbewußtes) ändern, und damit wird auch mein Umfeld sich verwandeln. Ich selbst kann dafür sorgen, daß ich glücklich bin.**

Erinnert sei hier an den Satz Buddhas: „Es gibt keinen Weg zum Glück. Glück ist der

Weg." Und um in mir und meinem Umfeld Frieden, Glück und Harmonie zu erzeugen, brauche ich innerlich nur den bewußten Schritt in diese Richtung zu tun: hinein ins Herz und hin zur Liebe. Hoppen verbindet mich automatisch mit meinem Herzen und meiner Liebe.

Je mehr Liebe ich (mir und damit anderen) gebe, desto mehr Liebe erhalte ich selbst zurück.

Außerdem lerne ich, Dinge und Menschen zu lieben, die ich vorher abgelehnt habe. Dafür muß ich im Außen nichts tun. Ich tue nur etwas in mir, meinem Inneren, indem ich sage: „Ich liebe den Teil in mir, der dieses Problem erschaffen hat." Und dann zeigt sich die Liebe auch im Außen. Liebe kann sich zeigen als Glück, als Freude am Leben, als Dankbarkeit, Vergebung, Verzeihung oder Annahme. Du kannst es nennen, wie du möchtest. Hoppen erbringt den praktischen Beweis, sozusagen im Feldversuch, daß die bewußte Aussendung von Liebe oder der eben genannten Qualitäten sehr irdische und realistische Veränderungen in meinem Umfeld herbeiführen können, ja werden. Je mehr ich diese Technik einsetze und mich von den Resultaten beglücken lasse, um so mehr glaube ich schließlich an ihre Wirksamkeit. Und der Glaube versetzt ja bekanntlich Berge.

Je mehr ich an diese Technik (oder auch eine andere) glauben kann, um so besser wird sie auch wirken.

Es geht hier um die schon beinahe mystische Erfahrung, daß ich mehr Liebe erfahren werde, je mehr ich sie verströme. Weil ich immer mehr selbst in der Liebe bin. Dabei helfen schon ganz einfache Affirmationen, zum Beispiel: „Ich liebe mich selbst, so wie ich bin. Und ich erlaube mir, geliebt zu werden."

Jeder von uns hat doch so seine Momente, wo er sich ungeliebt, abgestoßen, vergrault und einsam fühlt. Oft beschwere ich mich dann bei anderen und klage ein, daß sie doch bitte netter zu mir sein sollen. Denn dann würde es mir ja bestimmt besser gehen. Leider, fürchten wir, ist das ein weitverbreiteter Irrtum. Die Hawaiianer sagen: Wenn innerlich etwas krank ist, dann läßt es sich nicht allein von außen gesund machen. Denn Gesundheit kommt von innen. Oscar Wilde wird der Satz zugeschrieben, ein guter Arzt müsse seine Patienten nur so lange gut unterhalten (im Sinne von die Zeit vertreiben), bis die Gesundheit von selbst zurückkehre. So ähnlich ist es vielleicht wirklich: Wir sind so lange krank, haben so lange ein Problem, bis wir uns selbst wieder gesund machen. Auf Partnerschaft bezogen könnte man es folgendermaßen auf den Punkt bringen: **Du kannst nur bekommen, was du schon hast.**

Denn wenn ich innerlich im Mangel bin, dann kann mir mein Außen noch soviel geben – ich werde leider niemals satt davon. Denn innen ist ein Loch, so wie in einem Faß ohne Boden, durch das alles an Zuwendung wieder aus mir herausfällt. So lange, bis ich gelernt habe, mir dieses Gewünschte, woran es mangelt, selbst zu geben, bis ich innerlich gesund und heil geworden bin. Wenn das Gewünschte in mir selbst entstanden ist, dann wird mir auch mein Umfeld genug davon geben. Genaugenommen werde ich dann spüren, daß sie mir das Gewünschte schon immer gegeben hat.

Offenbar wirkt es also richtig gut, innerlich an sich zu arbeiten. Und dazu gibt es noch einige andere Techniken, die wir euch in den folgenden Kapiteln vorstellen möchten: Die „Einladen-was-fehlt-Wunschtechnik" und das „Wundertagebuch".

9. Einladen, was fehlt

Jede Beziehung spiegelt dir, wie du mit dir selbst umgehst.

Chuck Spezzano

Ich (Bärbel) war vor kurzem in London, um dort einen Workshop zu geben. Einer der Veranstalter zelebrierte mit dem Team vor der Veranstaltung ein wunderschönes Ritual: Alle im Team, mich eingeschlossen, bildeten einen Kreis und nahmen sich an den Händen. Wir verbanden uns mit unserem Herzen und riefen die Liebe, die Weisheit und eine dritte Qualität, die wir uns aussuchen konnten. Wir luden alle drei Qualitäten ein, während des Workshops im Raum zu sein, um alle Anwesenden zu unterstützen und am Erfolg des Seminars mitzuwirken. Und das Seminar wurde ganz wunderbar; ich bin mir sicher, daß es viel mit diesem schönen Eröffnungsritual zu tun hatte.

Dies ist noch eine etwas andere Variante als die des Hoppens, mit einem Problem kreativ und mal ganz anders umzugehen. Es

ist die „Einladen-was-fehlt-Wunschtechnik".
Sie ist abgeleitet von den Weisheiten der
Sufis. Die Sufis glauben, daß alles, was in
ihrem Leben geschieht, für etwas steht, wor-
auf wir aufmerksam gemacht werden sollen.
Ein Problem taucht nur deshalb in unserem
Leben auf, weil es etwas „für" uns bereithält.
An unserem Problem sollen wir etwas lernen,
etwas, das ohne unser Problem gar nicht in
uns entstanden wäre.

Als Bild habe ich dafür folgendes entwickelt:
Stell dir vor, dein Lebensweg wäre glatt, eben
und kein bißchen steinig. Du gehst ihn und
es ist gut. Plötzlich ist da vor dir ein Loch im
Weg, und du mußt etwas tun. Du besorgst dir
einen Spaten, Sand und so weiter. Beim Aus-
bessern des Lochs in deinem Lebensweg
lernst du so ganz nebenbei, mit der Schub-
karre umzugehen und die Mischmaschine zu
bedienen. Das alles würdest du nicht lernen,
wenn dieses doofe Loch im Weg nicht dage-
wesen wäre. So doof kann es dann also gar
nicht gewesen sein!

Die Sufis fragen sich bei den anstehenden
Problemen in ihrem Leben: Was will es mir
zeigen? Was soll ich lernen bei der Lösung
dieses Problems? Um Antworten auf diese
Fragen zu erhalten, gehen sie einen Schritt
weiter und fragen sich: Wie fühle ich mich
eigentlich in dieser problematischen Situati-

on? Sie finden dann Gefühle wie Ohnmacht, Machtlosigkeit, Trauer, Unglück, Angst oder Mutlosigkeit. Nun wenden sie einen Trick an, den wir auch schon einmal genutzt haben – sie schauen sich einfach das Gegenteil an: Welches Gefühl hätte ich denn gern statt dessen? Die Antwort wäre zum Beispiel: das Gefühl von Macht, Mut, Freude oder Glück. Und dieses Gefühl laden sie dann in ihr Leben ein. Diese „Qualität" fehlt ihnen in ihrem Leben und sollte daher mehr von ihnen entwickelt werden.

Ganz praktisch machen die Sufis dies dann noch in Form von „Wasifas", das sind Anrufungen der bestimmten Qualität, die sie in ihrem Leben mehr entwickeln sollten. Aus Sicht der Sufis sind diese Qualitäten immer auch göttliche Eigenschaften, und die Wasifas helfen, ähnlich wie Mantren, durch das Singen und Zelebrieren dieser Anrufung die gewünschten Qualitäten in ihnen hervorzurufen oder einzuladen.

Und genauso machen wir es bei der „Einladen-was-fehlt-Wunschtechnik" also auch. Was brauche ich im Moment am meisten in meinem Leben? Wenn ein Vorstellungsgespräch ansteht, dann lade ich dafür doch Selbstvertrauen und Überzeugungskraft ein. Habe ich ein erstes Date mit meinem Traummann, dann wären es vielleicht Charme und Liebreiz. Was meinst du? Beginne doch einfach ganz spielerisch, dich immer wieder zu fragen: „Was brauche ich im Moment gerade am meisten in meinem Leben?" Fällt es dir schwer, eine Antwort zu finden, dann kannst du wie beim Hoppen auch hier dein Herz fragen und es um eine Antwort bitten.

Nun mag man argwöhnen, ob die Frage „Was fehlt mir in meinem Leben?" nicht aus einem Mangeldenken, aus Mangelgefühlen entspringt und daher möglicherweise noch mehr Mangel herbeiführt. Es ist richtig: Bin ich im Mangelgefühl, ziehe ich weiteren Mangel an. Aber nur, wenn ich mir dessen nicht bewußt bin. Hier mache ich mir genau wie beim Hoppen den inneren Mangel bewußt und steuere auch bewußt dagegen: Ich spüre den Mangel und lade an seiner Stelle das ein, was fehlt, z.B. die Fülle, das Glück oder die Freude. Ich mache mir das Mangelgefühl bewußt und ersetze es durch Zufriedenheit. Ein solches Gefühl wird dann wieder mehr Anlässe für Zufriedenheit in meinem Außen bewirken. Ich lerne so, mir selbst über mein Gefühl bewußt zu werden und ihm (und mir) immer öfter das zu geben, was es am meisten braucht.

Wie lade ich nun bestimmte Eigenschaften in mein Leben ein? Das ist ähnlich einfach und unkompliziert wie beim Hoppen:

- Du kannst im Geiste sagen, so wie ich es beim obengenannten Seminar in London erlebt habe: Ich lade den Frieden ein. Ich verbinde mich im Geiste ganz mit dem Frieden und lade ihn ein in mein Leben.
- Du kannst es auch mehr orakelhaft machen und dazu Tarot- oder Engelkarten ziehen und die auf den Karten gefundene Eigenschaft in dein Leben bitten. Frage dich, welche Eigenschaft du gerade brauchst, und ziehe dazu eine Karte.
- Du kannst dich mit dieser Qualität in deinem Leben umgeben, indem du dir dazu passende Bilder aufhängst oder Orte aufsuchst, an dem Menschen verkehren, die diese Eigenschaft bereits leben und verkörpern.

Eine andere Möglichkeit, die ich (Manfred) persönlich sehr schön finde, ist das Einladen dieser Qualität in Form eines Engels. „Ich lade den Engel des Friedens ein. Ich lade den Engel des Mutes ein." Wieder kannst du unterstützend ein Set mit Engelkarten verwenden und einfach eine Karte ziehen mit der Energie, die du mehr in dein Leben ziehen möchtest. Das ist die „Engel-Wunschtechnik".

Die Bamedas, ein Stamm in Afrika, haben eine sehr schöne und dazu passende Methode entwickelt, um mit Dieben oder anderen Menschen umzugehen, die gegen die Stammesregeln verstoßen haben (Quelle: http://www. riwei-verlag.de/forum/viewtopic.php?f=39&t=257):

Sobald der Missetäter erwischt wurde, versammeln sich alle Angehörigen des Stammes in einem Kreis um ihn herum. Es kommen alle Menschen, die Alten wie die Kinder, und alle Arbeiten bleiben solange liegen. Dann beginnt einer nach dem anderen, unabhängig von Alter oder Geschlecht, über all das Gute zu sprechen, das der Missetäter während seines Lebens getan hat. Die Menschen erinnern sich an alle guten und positiven Eigenschaften dieses Menschen. Es ist nicht erlaubt, über diese Erinnerungen und Begebenheiten zu streiten oder sie anzuzweifeln. Die Stammeszeremonie dauert oft mehrere Tage und endet erst, wenn jeder alles Positive über die betreffende Person erzählt hat. Am Ende wird der Kreis geöffnet, eine große Feier findet statt, und die betreffende Person wird voller Freude wieder in den Stamm aufgenommen.

Liebe zeigt sich um so mehr, je mehr ich mein Herz für andere Menschen öffnen kann.

Die „Einladen-was-fehlt-Wunschtechnik" macht es genauso. Statt auf den negativen Verhaltensweisen herumzureiten, werden die guten Eigenschaften (die jeder Mensch hat) angesprochen und wertgeschätzt. Dadurch werden sie verstärkt. Stell dir vor, du würdest etwas anstellen und würdest dabei erwischt, und dann würden 100 Menschen einen Kreis um dich herum bilden und alles Positive erzählen, das ihnen über dich einfällt. Also mal ganz ehrlich: Ich (Bärbel) würde so schnell nichts Derartiges mehr anstellen.

10. Wundertagebuch

Die Freude ist überall. Es gilt nur, sie zu entdecken.

Konfuzius

Abschließend gibt es noch eine Wunschtechnik, die das Innen verwandeln kann, um das Außen zu verbessern: das Wundertagebuch. Wir haben es bereits beschrieben in unserem Buch *Cosmic Ordering – Die neue Dimension der Realitätsgestaltung aus dem alten hawaiianischen Ho'oponopono*. Es heißt Tagebuch, weil ich über meine Gefühle sozusagen Buch führe, um sie mir bewußt zu machen. Der Begriff Wunder besagt, daß sich mein Umfeld auf wundersame Weise zum Besseren wendet, sobald ich mir meine Gefühle anschaue und sie positiv verändere.

Hier warte ich gar nicht erst, daß ein Problem in meinem Leben auftritt. Nein, ich betrachte meine momentanen Gefühle im Hier und Jetzt und mache mir klar, daß schlechte Gefühle unweigerlich in der Zukunft eine entsprechend schlechte Situation in meinem Außen herbeiführen werden. Dabei bleibe ich immer im Hier und Jetzt: Ich fühle jetzt meine schlechten Gefühle, lasse sie ganz zu, mache sie mir bewußt. Auch sie dürfen sein. Ich nehme sie an, so wie sie sind. Und dann entscheide ich mich, im nächsten Hier und Jetzt ein anderes, besseres Gefühl zu haben. Oft verkehrt sich ein „schlechtes Gefühl" schon allein dadurch in sein Gegenteil, wenn es einmal angenommen wird, wenn es sein darf und intensiv wahrgenommen wird. Das bessere Gefühl, das ich mir damit sozusagen bestelle und es bewußt herbeiführe, wird dann für eine bessere Zukunft sorgen.

Nehmen wir das Beispiel von Angst vor einer mündlichen Prüfung, die am nächsten Tag ansteht. Ich kann mit meinem Verstand an die Sache rangehen und sagen: „Bärbel, du alte Fregatte, du weißt genau, was solche Gefühle bewirken. In dem miesen Gefühl brauchst du gar nicht erst zu der Prüfung zu gehen. Also, reiß dich mal zusammen, du kannst das!"

Dann kann ich alles Mögliche unternehmen, um mir ein gutes Gefühl zu bereiten: ein warmes Bad genießen, meinen Lieblingsfilm anschauen, mir eine tolle Massage gönnen oder spazierengehen. Ich tue also einfach alles, um in ein gutes Gefühl zu kommen.

Wenn das alles nichts fruchtet, kann ich das Thema hoppen: Ich liebe den Teil in mir, der

Prüfungsangst hat. Ich gebe ihm all meine Liebe. Oder ich kann mich fragen, welche Qualität ich in dieser Prüfung brauche, und die Weisheit, das Selbstbewußtsein und den Charme einladen. Oder ich verbinde mich mit dem dementsprechenden Engel und lade ihn ein.

Beim Wundertagebuch würde ich nun sagen: „Ich liebe das Gefühl von Angst und Selbstzweifel. Ich nehme es in mein Herz und gebe ihm all meine Liebe. Ich liebe meine Angst, ich liebe meinen Selbstzweifel. Sie dürfen sein, auch sie sind ein Teil von mir."

Liebe kann auch Gefühlen das geben, was sie am meisten brauchen.

Auch wenn sich das ein wenig komisch anhören mag: Ich kann tatsächlich meine Angst lieben. Man muß es mal erlebt haben. Ich bin ganz meine Angst, ich liebe meine Angst. Statt sie zu verdrängen und abzulehnen, nehme ich sie ganz an, ja „bin" sie sogar einmal völlig. Ich gebe ihr einmal den Raum, heute, damit ich morgen frei von ihr bin und eine gute Prüfung hinlegen kann.

Ein Beispiel: Marianne aus meiner (Manfreds) Münchner Übungsgruppe hatte große Angst vor ihrer Lehrprobe als Referendarin. Während der ganzen Woche vor der Prüfung machte sie sich selbst damit fertig. Also fing sie an, sich innerlich zu sagen: „Ich liebe meine Angst"

und „Ich nehme meine Angst in mein Herz."
Damit ging es ihr viel besser. Am Tag der Prüfung hatte sie gar keine Angst mehr, und die
Prüferin war sehr von ihr angetan. Ja, sie ließ
Evi nach der Lehrprobe gar nicht mehr weg
und wollte nach der Prüfung noch über eine
Stunde lang genau wissen, wie Evi sich vor-
bereitet hatte und wie sie auf die tollen Ideen
für eine solch schöne Unterrichtsgestaltung
gekommen war.

Diese Wunschtechnik ist sozusagen eine
Wunderwaffe gegen unser Schatten-Ego. Denn
unser Schatten-Ego liebt es, an schlechten
Gefühlen kleben zu bleiben. Ich merke es daran, daß innerlich immer wieder dieselben
Worte und Themen wiederholt werden, um
das schlechte Gefühl zu zementieren. Der Trick
des Schatten-Egos besteht einfach darin, daß
es mit dem schlechten Gefühl verschmilzt und
sagt: „ICH habe Angst", was bedeutet, daß
die Angst das ganze Ich ausfüllt und keinen
Raum mehr für klare oder rettende Gedanken
übrig läßt.

Stufe eins des Wundertagebuchs besteht
darin, daß ich mir diese schlichte Tatsache
einfach mal bewußt mache. Denn dann spüre und merke ich erst: Aha, schau mal, da ist
doch wieder mal mein Schatten-Ego voll mit
diesem schlechten Gefühl verschmolzen. Ah
ja. Dieses alte Luder. Ich denke nur noch an

Dinge, die mit diesem schlechten Gefühl zusammenhängen.

In Stufe zwei gebe ich diesem schlechten Gefühl dann einfach, was es am meisten braucht: Liebe. Ich sage mir: „Ich liebe meine Angst." Oder: „Liebe Angst, ich hab dich ja soo lieb." Dabei ist es ganz sinnig, mich zuerst ganz mit meinem Herzen zu verbinden und die Angst wie beim Hoppen ganz in mein Herz zu nehmen: „Meine Angst, ich gebe dir meine ganze Liebe."

Ein anderer Trick zum Umgang mit schlechten Gefühlen ist das Trennen von Gefühl und Schatten-Ego. Das gelingt am einfachsten mit der Frage: „Wenn meine Angst ein Tier wäre, wie würde es aussehen? Was macht es gerade? Wie geht es diesem Tier?" Stell dir dieses Tier vor deinem geistigen Auge vor und beobachte es. Und dann nimm dieses Tier in dein Herz und gib ihm deine ganze Liebe.

II.

Bestellregeln des Herzens

Das Herz ist der Schlüssel der Welt und des Lebens.

Novalis

Im Kapitel I dieses Buches wurden eine ganze Anzahl Möglichkeiten genannt, wie ich aus dem Herzen wünschen und bestellen kann. Ausgangspunkt für die verschiedenen Techniken waren dabei Gründe, warum Bestellungen manchmal nicht klappen, eben weil ich mir möglicherweise über die zum Teil ganz schön hinterhältigen Tricks meines Unterbewußtseins noch nicht so ganz im Klaren gewesen bin.

Kapitel II baut nun auf den Überlegungen und Erkenntnissen des ersten Kapitels auf, in dem verschiedene Mechanismen beleuchtet wurden, die mich daran hindern, im Hier und Jetzt zu sein oder erfolgreich bestellen zu können. Bei der Betrachtung dieser Mechanismen ergaben sich alte und neue Sichtweisen, wie ich sinnvoller weise bestellen sollte.

Hier möchten wir nun die in Kapitel I entdeckten „Bestellregeln des Herzens" zusammentragen. Sie enthalten eine ganze Reihe von Aussagen darüber, wie Bestellen aus dem Herzen funktioniert und wie die Herzensliebe beim Bestellen eingesetzt werden kann. Diese Bestellregeln sind so etwas wie universelle Regeln der Liebe, die immer wirksam sind und die ich beim Bestellen erfolgreich anwenden kann.

Wie schon in meinem (Bärbels und Dieter Hörners) Büchlein *Der Wunschfängerengel* anklang, ist die einfachste Unterscheidung von Herzenswunsch und Angstwunsch darin zu sehen, daß der Herzenswunsch viel mehr mit Liebe aufgeladen ist und darum besser erfüllt werden kann. Im Grunde ist es der Anteil an Liebe im Wunsch, der über Erfüllung oder Nichterfüllung entscheidet. In der Liebe und im Herzen sein verbindet am besten mit dem Universum und liefert daher auch die besten Bestellerfolge. Und Liebe kann noch mehr: Besonders unsere Erfahrungen mit dem hawaiianischen Ho'oponopono und unserer Variante davon, dem Hoppen, haben uns von der Kraft der Liebe überzeugt. Bringe ich meine Liebe ins Spiel, verwandeln sich Probleme zum Guten, und viele festgefahrenen Streitereien lösen sich einfach in Luft auf.

Hier nun also die Bestellregeln, die du zum erfolgreichen Bestellen aus dem Herzen immer parat haben solltest:

1. Die Herzenskraft und die Liebe wirken nur im Hier und Jetzt.
2. Liebe wohnt in meinem Herzen. Ich kann sie einsetzen, wenn ich im Hier und Jetzt fühle.
3. Liebe fließt immer, es sei denn, daß ich Dinge, Menschen oder Situationen in meinem Leben ablehne oder bewerte.
4. Herzenskraft und Liebe wird stärker durch Annehmen und Integrieren von Abgelehntem.
5. Wünsche, die ich in meinem Herzen finde und die darum sehr mit Liebe aufgeladen sind, funktionieren am besten.
6. Will ich die Liebe nur für mich einsetzen, ziehe ich im Außen ihr Gegenteil an.
7. Liebe kann die Probleme in meinem Leben auflösen, wenn ich sie darum bitte.
8. Je mehr ich anderen Liebe gebe, um so mehr erhalte ich sie selbst zurück. Niemand kann mir Liebe geben, solange ich noch nicht gelernt habe, sie mir selbst zu geben.
9. Liebe entwickelt sich in mir um so mehr, je mehr ich mein Herz für andere Menschen öffnen kann.
10. Liebe kann auch schlechten Gefühlen das geben, was sie am meisten brauchen.

11. Bestellritual in Einzelschritten

Verletzende Worte sollten auf Sand geschrieben, lobende Worte in Stein gehauen werden.

Arabisches Sprichwort

Aus den Bestellregeln haben wir nun für dich ein Art Bestellritual entwickelt. Bevor es damit richtig losgeht, schauen wir uns aber zunächst die Bestellregeln noch einmal Schritt für Schritt näher an:

1. Sei ganz im Hier und Jetzt.
2. Nimm Kontakt mit deinem Herzen und deiner Liebe auf.
3. Gibt es Ablehnungen in deinem Leben? Mach sie dir bewußt.
4. Integriere die Ablehnungen. Mach dich frei davon.
5. Frag dein Herz: Was ist dein Wunsch (hinter deinem Wunsch)?
6. Bestelle den Wunsch nicht nur für dich, sondern möglichst auch für andere.

7. Probleme und Zweifel im Zusammenhang mit der Bestellung kannst du hoppen.
8. Verbinde dich ganz mit deiner Liebe und deinem Herzen.
9. Gib diese Liebe weiter an deine Familie, Freunde oder an andere Menschen.
10. Geh ganz in ein gutes Gefühl und sende die Bestellung ab.

Für jeden Einzelschritt geben wir dir jetzt eine nähere Erläuterung. So kannst du jeden Teilabschnitt einzeln durchgehen, üben und erlernen.

1. Sei ganz im Hier und Jetzt.

Um eine Antwort von deinem Herzen zu erhalten, bedarf es innerer Stille. Wenn der Verstand soviel zu sagen hat (wie normalerweise immer), kannst du die Stimme deines Herzens nicht hören. Darum gehen wir in den sogenannten „stillen Raum":

Stell dir einen ganz glatten und klaren See vor. Das Sonnenlicht spiegelt sich an einem bestimmten Punkt auf der Oberfläche. Geh in diesen Punkt und verschmilz mit dem Schillern und Glitzern. Beobachte die Wellen, die ganz leicht über dieses Glitzern laufen. Vertiefe dich in das Betrachten dieses Bildes. Verbinde dich bewußt mit deinem Herzen.

2. Nimm Kontakt mit deinem Herzen und deiner Liebe auf.

Damit die Bestellung in die Verbindung zu deinem Herzen und deiner Liebe kommt, bedarf es einer Art innerer Regieanweisung, und zwar der entsprechenden inneren Haltung, der bewußten Absicht, es zu tun.

Leg die Hände auf dein Herz und spüre, wie es schlägt. Fühle, wie der Brustkorb sich hebt und senkt. Verbinde dich innerlich mit deinem Herzen. Sag hallo zu ihm.

Möglichkeit a) Stell dir dein Herz bildlich vor.

Möglichkeit b) Stell dir dein Herz als Sonne vor.

Vielen Menschen scheint es schwer zu fallen, in Kontakt zu ihrem Herzen zu treten. Warte nicht, bis du perfekt bist. Fang einfach an, es zu tun, so gut du es eben kannst. Und dann sammle Erfahrungen und mach es besser und besser. Tausche dich dabei mit einem Freund aus. Oder lade dir einmal im Monat Freunde zum Üben ein – zu einem Herzensstammtisch. Sicher, du kannst nur immer selbst in dein Herz schauen. Aber du kannst es üben und dich darüber austauschen, wie andere es machen. Indem ich über meine Erfahrungen spreche, lerne ich auch von anderen.

3. & 4. Mach dir deine Ablehnungen be-wußt und integriere sie.

Gib deine Ablehnungen auf, damit die Liebe richtig fließen kann. Schließe dazu kurz die Augen und laß alle Dinge aus deinem Bewußt-sein aufsteigen, die dich nerven, ärgern oder die du ablehnst. Stell dir vor, genau vor dir steht eine große braune Schale, und in diese Schale gibst du alle Dinge ab, die dich nerven, die du ablehnst und die du einfach nicht gut findest: Zuerst alle Dinge, die dich an anderen Menschen, an deiner Umgebung und der Welt stören. Dann auch alle Dinge, die du an dir selbst ablehnst, bei denen du dir die Schuld gibst oder mit denen du haderst.

Energetisch machst du dich damit einen Mo-ment lang ganz frei von deinen Ablehnungen, um zum Wünschen ganz in die Herzkraft zu kommen.

5. Frage dein Herz: Was ist der Wunsch hinter meinem Wunsch?

Dann erinnere dich an den stillen Raum aus Schritt 1. Frage in diesem stillen Raum dein Herz: Was möchte ich wirklich (bezogen auf deinen Wunsch)? Warte auf einen Impuls, eine Eingebung, ein inneres Bild, eine Erin-nerung. Jede Art von Antwort deines Herzens ist möglich. Schreib dir die Antwort auf, vielleicht legst du dir ja ein Büchlein für deine „Antworten des Herzens" an.

Das Herz ist nicht nur der Motor, der mir die Kraft zum Verwirklichen meiner Wünsche liefert, es kann noch viel mehr: Wenn ich mich mit dem Herzen verbinde, kann es mir auch Impulse und Antworten geben, um herauszufinden, was ich wirklich möchte.

Eine Variante der Frage an dein Herz kann sein zu fragen: Was ist der Wunsch hinter meinem Wunsch? Welches Gefühl möchte ich eigentlich haben, das mir durch die Erfüllung meines Wunsches zuteil werden soll?

6. Bestelle den Wunsch nicht nur für dich, sondern möglichst auch für andere.

Wenn du einen Wunsch gefunden hast, dann versuche, einen oder mehrere Menschen in den Wunsch miteinzubinden. Optimal wäre es, wenn du gleich für alle Menschen wünschen würdest.

Dazu kannst du dir vorstellen, daß dein Wunsch in deinem Herzen ganz aufgesogen wird, er mit deinem Herzen verschmilzt. Dann weite dein Herz vor deinem geistigen Auge weiter aus und hülle auch andere Menschen mit in dein Herz und deinen Wunsch ein. Willst du gleich für alle Menschen wünschen, dann hülle einfach die ganze Welt in dein

Herz. Weite dein Herz dazu so weit aus, daß die ganze Welt darin Platz hat.

7. Probleme und Zweifel im Zusammenhang mit dem Wunsch kannst du hoppen.

Vielleicht hast du diesen Wunsch schon einmal als Bestellung abgeschickt, er wurde aber nicht geliefert. Vielleicht kommen dir beim Bestellen Zweifel, ob dieser Wunsch wirklich geliefert werden kann. Zum Glück kannst du alle auftauchenden Probleme dieser Art hoppen und damit heilen und verwandeln. Sag ganz einfach: „Ich liebe den Teil in mir, der bisher verhindert hat, daß mein Wunsch ausgeliefert wurde. Oder du schaust dir deinen „Verhinderer" gleich mal persönlich an: den Teil in dir, der die Lieferung der Bestellung boykottiert.

Stell dir vor, du gehst barfuß über eine Frühlingswiese. Der Tau liegt noch auf den Blüten und Blättern. Da taucht vor dir ein Tor aus Rosen auf. Wie sieht dieses Tor aus? Wie riechen die Rosen? Geh durch das Tor hindurch, und du kommst in eine Landschaft. Wie sieht sie aus? Geh ein Stück spazieren, und stell dich dann rechts neben dem Weg in eine kleine Senke. Versetz dich hier einmal in das Gefühl von Zweifel, Unglaube oder von „Ich kann das nicht", „Bei mir klappt das nie" oder „Ich hab's wieder verbockt." In diesem Gefühl gehst du dann einen kleinen Hügel hinauf. Und oben begegnet dir das „Wesen deines Verhinderers". Wie sieht es aus? Was braucht es am meisten? Gib ihm das, und dann schau, ob es sich verwandelt. Am Ende geh zurück zum Rosentor.

8. Verbinde dich ganz mit deiner Liebe und deinem Herzen.

Geh wieder in dein Herz und stell dir vor, wie du in dein Herz ein- und ausatmest. Sieh den Atem als weißen Nebel in deinem Herzen. Der Atem wird dort mit Licht und Liebe aufgeladen. Beim Ausatmen stell dir vor, wie du dich ganz in diesen Atem aus Licht und Liebe einhüllst, bis du damit ganz ausgefüllt bist. Stell dir vor, daß dein Herz, ja, dein ganzes Wesen ein wenig leuchten.

9. Gib diese Liebe weiter an deine Familie, Freunde oder an alle Menschen.

Wie eben bei der Formulierung der Bestellung nicht nur für dich, sondern auch für andere Menschen kannst du weiter gehen und nicht nur dich, sondern auch andere Menschen mit deiner Liebe einhüllen. Willst du gleich alle Menschen mit einhüllen, dann stell dir vor, wie dein Atem aus Licht und Liebe sich um die ganze Welt ausbreitet.

10. Geh ganz in ein gutes Gefühl und sende den Wunsch als Bestellung ab.

Jetzt kommt der wichtigste Punkt beim Wünschen: dein Gefühl. Nachdem du nun ganz in der Liebe bist und quasi die ganze Welt umarmt hast, sende nun deine Bestellung in diesem Glücksgefühl ab.

Du kannst hier auch gleich „fühlbeten", wie es weiter oben für den indianischen Medizinmann beschrieben wurde. Geh beim Bestellen ganz in das Gefühl, das du eigentlich haben möchtest, also in das Gefühl, das du hättest, wenn deine Bestellung bereits geliefert worden wäre. Um die inneren Bilder mit ganz viel Gefühl aufzuladen, kann es hilfreich sein, dich an frühere Erfahrungen und Begebenheiten zu erinnern, wo du solche oder ähnliche Gefühle schon einmal hattest.

Bedanke dich zum Schluß bei allen und allem, die deine Bestellung erfüllen, für die Hilfe. Auch wenn sich das komisch anhört: Bedanke dich schon jetzt bei deinen himmlischen Helfern. Sie freuen sich darüber und tun ihre Arbeit so sehr viel lieber. Das ist so, als würdest du im Hotel der Putzfrau ein kleines Geldstück geben. Es spiegelt deine Anerkennung und deine Dankbarkeit für die Hilfe und Mitwirkung.

12. Das vollständige Bestellritual

Wenn auf der Erde die Liebe herrschen würde,
wären alle Gesetze entbehrlich.

Aristoteles

Die oben aufgeführten zehn Schritte des Bestellens kannst du einzeln üben und ausprobieren. Danach kannst du sie zu folgendem Bestellritual verbinden. Dazu solltest du dir etwa 10-15 Minuten Zeit nehmen und ganz in Ruhe sein.

1. Geh in Gedanken zum See und blicke in das glitzernde Licht der Sonne. Folge mit deinem Blick den kleinen Wellen, die der Wind auf der Oberfläche des Sees bildet. Bleib einige Sekunden ganz hier.
2. Lege die Hände auf dein Herz, spüre deinen Atem und fühle, wie sich dein Brustkorb hebt und senkt. Verbinde dich ganz mit deinem Herzen. Stell dir bildlich vor, wie dein Herz in deiner Brust schlägt.

3. & 4. Gib alle Ablehnungen, die du gegen etwas in deinem Leben hast, in eine große braune Schale, die vor dir auftaucht. Gib auch alle Ablehnungen gegen dich selbst dazu.

5. Geh ganz in die Stille und frage dein Herz: Was ist mein innigster Herzenswunsch? Und: Was ist der Wunsch hinter meinem Wunsch?

6. Schließe, wenn möglich, alle oder viele Menschen in deine Wunschbestellung mit ein.

7. Spürst du im Zusammenhang mit deinem Wunsch irgendeinen Zweifel, ein Zögern oder eine Angst in dir aufsteigen? Dann hoppe ihn, nimm ihn in dein Herz.

8. Verbinde dich mit deiner Liebe.

9. Weite deine Liebe über alle oder möglichst viele andere Menschen aus.

10. Geh in ein gutes Gefühl und sende deine Bestellung ab. Stell dir dein Gefühl vor, das du hättest, wenn dein Wunsch schon erfüllt wäre. Und weite dieses Gefühl des bereits erfüllten Wunsches ganz in dir aus.

Danke abschließend schon jetzt allem und allen, die an der Erfüllung deiner Wünsche im Unsichtbaren und Sichtbaren mitwirken und mitgewirkt haben.

13. Wie nehme ich Kontakt zu meinem Herzen auf?

Schönheit steht nicht im Gesicht geschrieben.
Schönheit ist ein Licht im Herzen.

Khalil Gibran

Bei unseren Seminaren und Workshops kommt häufig spätestens an dieser Stelle des Bestellens der Einwurf: Ja, aber wie komme ich denn ins Herz? Wie komme ich in Kontakt mit meiner Liebe?

Bestimmt kennst du die Redensart, daß ein Geschenk von Herzen kommt. Bestimmt hast du auch schon mal ein von Herzen kommendes Präsent verschenkt, und du hast vermutlich auch schon mal etwas verschenkt, bloß um der Etikette Genüge zu tun, oder du hast dir aus Zeitnot nicht sonderlich viel Mühe beim Aussuchen des Geschenkes gemacht, hast einfach irgendwas genommen. Was ist anders, wenn ein Geschenk von Herzen kommt oder wenn es nur aus Höflichkeit verschenkt wurde?

Wenn du dir den Unterschied dieser beiden Gefühle in Erinnerung rufen kannst, dann hast du bereits alles, was du brauchst: So, wie es sich anfühlt, wenn du mit ganzem Herzen ein Geschenk auswählst und weggibst, so fühlt es sich auch an, wenn du in Kontakt mit deinem Herzen bist.

Nehmen wir an, du möchtest dir bestellen, einen Hinweis auf deine Berufung und den nächsten dazu nötigen Schritt zu erhalten.

Und du möchtest diesen Wunsch

a) von Herzen senden
b) in dein Herz hineinspüren, welche Tips es für dich bereithält.

Stell dir einfach vor, du bist frisch verliebt und sendest deinem/deiner Liebsten einen Herzensgruß. Als nächstes stell dir einfach vor, das Universum ist der/die Geliebte und deine Bestellung ein Herzensgruß ans Universum: „Hach, allerliebstes Universum, es ist so wunderschön, mit dir die Welt täglich neu zu erleben und zu erschaffen. Schau, das hier würde ich gerne als nächstes mit dir gemeinsam erleben. Ich freue mich schon auf dein Feedback und unser gemeinsames Erleben. Stets voller Liebe, dein Harry Besteller."

Formuliere es in deinen Worten, aber achte auf das Gefühl. Das Universum freut sich, wenn du deine Wünsche mit ihm teilst, denn das bedeutet, du betrachtest es als deinen Freund. Es bedeutet auch, du hast noch Freude am Leben und daran, mit ihm und in ihm etwas zu erleben. Was für eine wunderbare Gelegenheit, sich zu freuen!

Von Mirsakarim Norbekov (Autor des Buches *Eselsweisheiten*) haben wir gelernt, daß eine Übung drei verschiedene Wirkungen haben kann:

1) gar keine
2) eine negative
3) eine heilende und positiv wirkende

(Letztere unterteilt sich noch in die Varianten schnell, mittelschnell oder langsam heilend/wirkend.)

Wie die Wirkung ist, liegt also nicht einzig und allein an der Übung. Sondern es liegt daran, mit welcher inneren Haltung man die Übung durchführt. Nehmen wir an, du hättest eine Schulterverspannung. Wenn du dazu nun eine Dehnungsübung machst, allerdings genervt, skeptisch oder gar ärgerlich, dann kann es sein, daß du dich durch einen ungünstigen Bewegungsablauf dabei noch mehr verspannst, als du zuvor bereits warst, und alles wird nur noch schlimmer. Du kannst die Übung auch gelangweilt oder geistesabwesend, tagträumerisch machen. Dann bewirkt sie nur einfach nichts. Oder du kannst sie mit Dankbarkeit, Freude und einem offenen Herzen machen, dann wirkt sie heilend. Je weiter du dein Herz öffnen kannst, desto schneller wirkt die Übung. Es liegt nicht an der Übung. Es liegt an dem, der die Übung macht, und daran, wie er sie macht. Beim Bestellen ist es genauso:

Gib deine Bestellung ärgerlich, genervt und voller Zweifel auf – dann bewegst du dich weiter weg vom Gewünschten. Selbst wenn das Universum dir die idealen Gelegenheiten zur Wunscherfüllung vorbeischickt: Du siehst sie in so einem solch negativen Zustand gar nicht.

Gib deine Bestellung nüchtern, gelangweilt auf, und du wirst feststellen, daß sich noch nicht mal ein freier Parkplatz manifestiert. Gib die Bestellung mit Freude, Dankbarkeit und einem offenen Herzen ab – und alles ist möglich.

„Ja, aber ich kann mein Herz nicht öffnen, solange mein Traumpartner noch nicht da ist."

„Worüber soll ich mich denn freuen, wenn mein Job so öde ist? Erst muß der Traumjob da sein, dann freue ich mich auch – versprochen."

„Dankbar? Ja, wofür denn? Hinterher, wenn geliefert wurde, werde ich dankbar sein, aber jetzt doch noch nicht."

Wenn dir ähnliche Gedanken durch den Kopf gehen, dann versetz dich doch ganz einfach mal ins Universum hinein: Du bist das Universum, und vor dir steht ein Menschlein und hat einen Idealpartner bestellt. Du bist zur sofortigen Lieferung bereit und läßt jedes Mal das Herz des Menschleins klingen, wenn eine Gelegenheit naht, den Traumpartner zu treffen. Aber was macht der Knilch da unten? Verschließt einfach stur sein Herz und hört natürlich auch das feine Klingen nicht. Was tust du? Du bist immer noch das Universum, was tust du? Ich als Universum würde resignieren und nichts mehr tun. Wie würde es dir gehen?

Fall 2: Mensch hat einen super Job bestellt, du, das Universum, sitzt am Joystick und navigierst den Typen zur richtigen Stellenanzeige. „Ja, hier anrufen, da Bewerbung hinschicken, bitte in einer positiven Schwingung formulieren – neeeeeeeein, doch nicht den ganzen Frust schon in den Lebenslauf mit hineinformulieren, da wirst du doch gleich aussortiert! Um Himmels willen, doch nicht mit so einem Flunsch und hängenden Schultern beim neuen Personalchef einrollen, hallo, hallo ..." Aber du hast wieder Pech, der Mensch reagiert nicht. Er sieht in allem nur das Schlechte, und das strahlt er massiv aus. Du bist das Universum, du wolltest liefern. Wie geht es dir jetzt?

Fall 3: Du bist das Universum. Drei Billionen Samenzellen waren unterwegs, die Eizelle zu erobern. In eine hast du all deine Hoffnungen gesetzt, diese eine hast du unterstützt, sie hat es geschafft, sie war als erste beim Ei, hat es befruchtet, und daraus ist ein Mensch geworden. Aber ist dieser nun dankbar für sein Leben? Ach i wo, alles was du als Universum an Gelegenheiten in sein Leben schickst, ist ihm nicht gut genug. Erst wenn du, Universum, es endlich richtig machst, wird er dir vielleicht ein kleines bißchen dankbar sein, aber vorher nicht. Na bravo. Ist das dein Lieblingsmensch, sei ehrlich, für dich als Universum? Oder bevorzugst du andere, an denen du mehr Freude hast?

„Also gut, ich sehe es ja ein", wird nun vielleicht auch der größte Grantler (bayrisch für Meckerer) murmeln. „Ich würde ja gerne machen, was du vorschlägst, aber das ist einfach nicht ehrlich. Ich fühle mich weder froh noch dankbar, noch gelingt es mir, mein Herz so richtig zu öffnen. Wie soll ich dahin kommen? Ich kann doch dem Universum nichts vorspielen?"

Versuchen wir es wieder mit einem Beispiel: Stell dir vor, du hättest einen eineiigen Zwilling, ihr habt euch eine Weile nicht gesehen, und nun besuchst du deinen Zwillingsbruder oder deine Zwillingsschwester. Du freust dich riesig auf diesen dir so tief vertrauten Menschen, aber der ist schlecht drauf. Er muffelt vor sich hin, hat an allem was auszusetzen, und das, was du gekocht hast, schmeckt ihm nicht. Ist halt so.

Dein Zwilling könnte zwar so tun, als wäre alles in Ordnung, und ein künstliches Lächeln aufsetzen, doch damit ginge es dir auch nicht gut. Aber es gibt noch eine Möglichkeit. Er könnte sagen: „Weißt du, ich bin heute so richtig grottenschlecht drauf, aber weil ich dich liebe, möchte ich einen schönen Tag mit dir verbringen. Ich versuche das Beste draus zu machen, bitte hilf mir ein bißchen und erinnere mich, wenn ich zuviel herummaule ..."

Auch in diesem Fall würde ihm dein Essen vermutlich nicht schmecken. Aber statt zu maulen oder zu lügen, sagt er oder sie vielleicht: „Weißt du, ich hab es zur Zeit lieber süßer, salziger, frischer etc. Hast du vielleicht was in der Richtung, was ich dazumischen könnte, damit ich das Essen, das du extra für mich gekocht hast, auch richtig genießen kann? Ich sehe und erkenne, welche Mühe darin steckt, und es freut mich, das du das extra für mich gemacht hast ..."

Ist doch was ganz anderes als nur zu sagen „igitt" – oder?

Dem Universum geht es ähnlich. Wenn du nur „igitt" sagst, hat es auch keine Lust mehr auf dich oder darauf, dir zu helfen. Wenn hingegen du dir Mühe gibst, dann überschlägt es sich mitunter geradezu vor lauter Eifer, dir entgegenzukommen, damit deine Bemühungen, das Beste draus zu machen, schnellstmöglich Früchte tragen.

Auf die Beispiele von weiter oben angewendet, könnte das so aussehen:

„Weißt du, liebes Universum, ich bin ein Mensch, ich halte die Einsamkeit sehr schlecht aus, und ich wünsche mir doch so sehr einen Partner. Aber ich werde mich jetzt bemühen, die Schönheit und die Liebe in jedem Menschen zu sehen, der mir begegnet. Ich freue mich über Unterstützung und Erinnerungen deinerseits, wenn ich es mal wieder vergesse (vermutlich zigmal am Tag, das ist normal für den Anfang).

Ich bin sicher, dies ist auch eine gute Übung, um mit einem passenden Partner dann auch glücklich zu bleiben. Denn wenn es jetzt so ist, daß ich alle Menschen nicht gut genug finde, dann könnte sich diese Gewohnheit auch zerstörerisch auf meine zukünftige Partnerschaft auswirken. Wenn ich hingegen übe, stets das Gute im anderen zu sehen, auch die manchmal stark verborgene Liebe in Wesenskern eines jeden, dann wird es mir zukünftig bestimmt leicht fallen, mit diesen „Augen der Liebe" auch meinen Partner anzusehen, und somit haben wir eine bessere Chance, glücklich zu bleiben. Bitte hilf mir doch dabei!"

Wenn du die Sache so angehst, kannst du dich fast so trottelig anstellen, wie du willst, es wird dir trotzdem jeden Tag leichter fallen, mit offenem Herzen durchs Leben zu gehen, und du wirst die Stimme des Herzens und der universellen Eingebungen von Tag zu Tag immer besser hören können. Es kommt nicht drauf an, schon ein Meister zu sein, es kommt drauf an, sich ehrlich darum zu bemühen, alles, was man tut, mit offenem Herzen zu tun.

Es gibt technisch perfekte Musiker, die mit ihrem Spiel niemanden berühren, weil sie nicht mehr mit dem Herzen bei der Sache sind, und es gibt kleine Kinder, die die paar Töne, die sie spielen können, mit solchem Eifer auf der Flöte trällern, daß es einem die Tränen in die Augen treibt. Selbst wenn du bei dem Versuch, dein Herz zu öffnen, erst die ersten zarten Töne spielst, kannst du damit dem Universum ebenfalls die Tränen der Rührung in die Augen treiben, wenn du es ehrlich meinst.

Der Vollständigkeit halber schauen wir uns auch noch die Beispiele 2 und 3 an und überlegen, was du tun kannst, wenn du dich zwar schlecht fühlst, dich aber bemühen möchtest, mehr und mehr dein Herz zu öffnen:

Beispiel 2: Dein Job ödet dich an: Du kannst gleich nach dem Aufstehen den Vorsatz fassen, an diesem Tag mindestens eine positiv berührende zwischenmenschliche Begegnung mit einem Kollegen, Kunden, Vorgesetzten oder Lieferanten zu haben. Außerdem hältst du Ausschau nach Gelegenheiten, wenigstens einmal bei einer Tätigkeit Spaß zu haben und wenigstens einmal etwas zu tun, was dir sinnvoll erscheint.

Mit dieser Absicht, das Beste aus einem öden Job zu machen, gehst du durch den Tag. Vielleicht trägt der Pförtner eine Sorgenfalte auf der Stirn, und du fragst ihn, wie es ihm geht und ob alles in Ordnung ist. Vielleicht hat er ein Problem, bei dem du helfen kannst, oder er ist einfach nur dankbar, daß einer ihm zuhört.

Mit dem Gefühl, etwas menschlich Sinnvolles getan zu haben, kommst du in die Büroküche. Der Kaffee schmeckt grauenhaft. Meckern? Nein, denn hier ist eine Gelegenheit, etwas Positives zu tun. Mach einen guten neuen. Nun mußt du nur noch einmal Spaß haben. Vielleicht sortierst du gerne, bist gerne kreativ, was auch immer. Vielleicht kannst du – und sei es nur für eine Viertelstunde – irgend etwas tun, bei dir am Schreibtisch oder für einen Kollegen, wobei du Spaß hast. Selbst wenn der Rest des Tages öde ist wie immer – das Gefühl wird nun schon ein kleines bißchen besser sein.

Und so hebst du deine Schwingung Stück

für Stück. Mit dieser neuen Energie formulierst du auch neue Bewerbungsschreiben automatisch konstruktiver, kreativer und selbstbewußter. Deine Chancen steigen sofort. Mit dem offenen Herzen siehst und hörst du außerdem auch versteckte Gelegenheiten. Wenn das Universum dir einen neuen Job liefert durch beispielsweise einen Kurier, der eigentlich nur neues Kopierpapier bringen wollte, aber im kurzen Gespräch mit ihm erfährst du von einer Firma um die Ecke, die genau so jemanden sucht wie dich, dann wirst du dieses Mal die Stimme deines Herzens, die sagt: „Geh hin, frag nach, greif zu" rechtzeitig hören.

Beispiel 3: Du fühlst dich benachteiligt, und es fällt dir schwer, für all den Ärger, den du hast, auch noch dankbar zu sein. Probier mal folgende Mantren. Nimm das, was bei dir am ehesten eine gefühlsmäßige Resonanz hervorruft:

– Ich bin dankbar für mein Leben.
– Ich danke der Schöpfung für mein Leben.
– Ich liebe den Stuhl, auf dem ich sitze (fühl es, so gut es geht), ich liebe mein Kissen, meine Decke, die Blume, den Wind, die Sonne, das Wasser. Übe, dankbar zu sein für das Erleben winzigster Kleinigkeiten. Wenn du voller Ärger und Frust bist, bist du wie ein dunkler Tempel ohne Fenster

und Türen. Sobald du dich bemühst, Schönheit auch nur im allerkleinsten Teil der Schöpfung zu sehen (wie dem Wind, der Sonne, einem Vogel, der singt etc.), bilden sich kleine Fenster in deinem inneren Tempel, und die ersten Lichtstrahlen fallen herein. Und mit dem Licht kann Stück für Stück die Wahrnehmung für Intuition, innere Führung, universelle Eingebungen etc. wiederkommen. Wenn du alle Fensterläden zugezogen hast, kommt nichts herein.

14. Der Fluß des Lebens

Das Wesen wahrer Liebe läßt sich immer wieder mit der Kindheit vergleichen. Beide haben die Unüberlegtheit, die Unvorsichtigkeit, die Ausgelassenheit, das Lachen und das Weinen gemeinsam.

Honoré de Balzac

Ein anderer häufiger Einwurf von Teilnehmern auf unseren Seminaren ist der Satz: „Ja, wie zum Kuckuck mache ich es beim Bestellen aus dem Herzen denn „richtig"? Ich spüre und weiß es einfach noch nicht!"

Es gibt nichts Gutes, außer man tut es! Denk an dich, als du ein Kind warst: Wie hast du das Laufen gelernt? Wie das Fahrradfahren, Schwimmen, Lesen, Schreiben …? Du hast dir angeschaut, wie es geht, vielleicht hat dir dein Vater, deine Mutter, dein Lehrer dabei geholfen, aber dann – wie hast du es gelernt? Letztlich hast du es selbst herausgefunden, nach manchem Herumprobieren, Auf-die-Nase-Fallen und Wiederaufstehen.

Zuerst hast du es sicher „falsch" gemacht, um bei diesem Probieren DANACH zu wissen, wie es „richtig" ist. Genau genommen hast du es falsch machen müssen, um beim Probieren zu erlernen, wie es für dich richtig ist. Und dieses „richtig" ist ja nicht in Stein gehauen und auf ewig festgeschrieben: nein, es verändert sich oft im Laufe deines Lebens. Je länger du z.B. schreiben kannst, um so leichter fällt es dir, du kannst auf Hilfslinien immer mehr verzichten und schreibst bald frei aus der Hand auf ein leeres Stück Papier. Beim Fahrradfahren hast du bald schon keine Hilfsräder zum Schutz vor dem Umfallen mehr nötig. Beim Schwimmen sind bald die Schwimmflügel überflüssig. Wann kannst du es also richtig? Das ist eigentlich gar nicht so recht zu sagen.

Etwas „richtig" zu machen ist ein ständiger Lernprozeß, bei dem es immer wieder Neues und Ergänzendes zu entdecken gilt, bis man es schließlich „richtig" kann.

In der Wissenschaft wurde ja früher angenommen, die Erde wäre eine Scheibe, alle dachten, dies sei richtig, und zwar jahrhundertelang. Was richtig oder falsch ist oder sich für mich richtig oder falsch anfühlt, entscheidet sich im Grunde jeden Moment vor dem Hintergrund meiner aktuellen Erfahrungen neu. Es ist ein sich immer weiterentwickelnder Prozeß, da ich ja mein ganzes Leben lang weiterlerne und weiterhin meine neuen Erfahrungen in meine Handlungen einfließen lasse. Und sofern es wirklich so bei mir „fließt", dann befinde ich mich mitten im „Fluß des Lebens".

Wie langweilig wäre es doch, wenn ich immer alles auf dieselbe Art und Weise machen würde! Schau dir eine Blumenwiese mit Abertausenden von Gänseblümchen an: Jede Blüte ist ein bißchen anders. Kein Frühling gleicht dem anderen. Die Natur ist immer im Fluß, verändert sich ständig. Das Abenteuer liegt im Ausprobieren der vielen Möglichkeiten. Schau dir dazu einmal Kinder beim Spielen an. Sie zeigen dir das Spiel des Lebens und wie es ist, im Fluß zu sein.

Unserer Erfahrung nach treten wir beim Bestellen aus dem Herzen immer wieder und immer neu in den Fluß des Lebens ein. Dinge entwickeln sich immer dann zum Guten, wenn sie liebevoll betrachtet werden. Probleme lösen sich, wenn ich ins Herz gehe. Es stellt sich unwillkürlich ein Gefühl von Geborgenheit ein: Geborgensein im Universum. Die Hawaiianer sprechen beim Anwenden des Ho'oponopono davon, in den Fluß des Lebens einzutreten und von seinen Wassern getragen zu werden – dorthin, wo es dir am besten gefällt.

Wie bestelle ich also am besten aus dem Herzen? Indem ich es einfach tue, so gut oder schlecht ich es eben zu können meine. Indem ich damit spiele, so wie ein Kind, das etwas Neues entdeckt und ausprobiert. Vielleicht hast du ja einen weit besseren Draht nach oben als du denkst? Vielleicht fließt deine Liebe schon? Vielleicht ist dein Herz schon sperrangelweit offen? Aber du weißt es nicht, da du es noch nie ausprobiert hast – weil du dachtest, du könntest es noch nicht richtig? Woher sollst du es wissen, wenn du es nicht ausprobiert hast! Sieh es als Spiel, hab Spaß beim Testen und Erkunden. Tritt ein in den Fluß des Lebens! Versuch es! Nur wer wagt, gewinnt.

Walter Russell, in vielerlei Hinsicht ein Universalgenie, formulierte es schon vor über 50 Jahren so: „Der einzige Unterschied zwischen einem Genie und einem Durchschnittsbürger ist der, daß das Genie das innere Licht entdeckt hat und der Durchschnittsbürger nicht."

Je öfter wir aus dem Herzen bestellen (als eine von vielen Möglichkeiten, um dem inneren Licht näher zu kommen), desto stärker tritt dieses innere Licht von ganz alleine hervor und trägt uns hin zu dem, was uns am besten entspricht. Aus Manfred sprudeln die Gedichte nur so hervor, ich (Bärbel) kann keinen Meter mehr alleine Auto fahren, ohne daß ein neues Mantra danach drängt, gesungen zu werden. Was ist es bei dir? Wie will dein Herz sich ausdrücken? Entdecke den Zugang zu deinem Herzen, dann findest du gleichzeitig auch die beste Art für dich, aus dem Herzen zu bestellen!

Deine Hausaufgabe (ähm, Moment mal, gibt es so etwas auch in Büchern? – Eigentlich ist es eine Hausaufgabe aus unserem aktuellen Ausbildungsseminar, aber wir sind sicher, es ist auch eine tolle Übung für dich) könnte also darin bestehen, das „Genie deines Herzens" zu kultivieren, es zu trainieren und ihm Zeit und Raum zu geben, damit es sich ausdrücken kann.

Es gibt Naturvölker, bei denen Frauen, wenn sie schwanger werden, in den Wald gehen und auf das „Lied ihres ungeborenen Kindes" lauschen. Wenn sie es gefunden haben, gehen sie zurück ins Dorf und singen es den anderen vor. Dieses Lied begleitet dann das Kind sein ganzes Leben lang, es wird bei allen Geburtstagen oder sonstigen Feiern gesungen. Es ist „sein" Lied.

Aufgabe 1:
Finde ein Herzenslied, ein Mantra für dich

Suche dir einen Platz, an dem du dich frei und ungestört fühlst (bei mir, Bärbel, klappt es besonders gut, wenn ich alleine Auto fahre, aber in der Natur zu sein ist sicher noch besser), und singe einfach los. Probier mit simplen Texten herum, die dir gefallen. Stell dir vor, wie du dich fühlen möchtest, und suche mit der Stimme eine Tonlage und Melodie, die dieses Gefühl ausdrückt. Wenn du singen möchtest: „Ich bin gesund und stark ..." dann paßt eine Säusel- und Einschlafmelodie nicht so richtig. Geh in das Gefühl hinein, das du dir wünschst, und finde Worte und Melodien, die dieses Gefühl ausdrücken.

Von professionellen Comic-Zeichnern weiß ich, daß sie bei Donald Duck dann am besten eine ärgerliche Miene zeichnen können, wenn sie sich selbst in ein Gefühl des Ärgers versetzen und dann loszeichnen. Dieses Gefühl setzt sich dann ganz automatisch über die Hand in die Zeichnung fort und läßt die Gesichter viel ärgerlicher aussehen, als wenn man aus einem neutralen Gefühl heraus versucht, ein wütendes Gesicht zu zeichnen.

Mach es genauso mit deinem kurzen „deutschen Mantra", deinem Herzenslied. Geh zuerst in das Gefühl, das dein Mantra ausdrücken soll, und suche dann nach Worten und Tönen, die dieses Gefühl optimal wiedergeben.

Aufgabe 2:
Finde deinen optimalen Herzenszugang

Das Schwierigste am Bestellen aus dem Herzen ist oft, es wirklich mit der Kraft des

Herzens zu machen. Es gibt aber für jeden Menschen andere Wege, um Stück für Stück immer tiefer ins Herz zu sinken und die Weisheiten und die Liebe von dort aufsteigen zu lassen.

Hier ein paar Möglichkeiten:

- Hand aufs Herz legen und einige Sekunden lang dem eigenen Pulsschlag nachspüren.
- Hand aufs Herzchakra legen und die Energie fühlen.
- In Gedanken ins Herz hinein atmen.
- Augen schließen und mit der inneren Aufmerksamkeit aus dem Kopf ins Herz wandern.
- Sich auf die rechte Gehirnhälfte konzentrieren und vor dem inneren Auge die Verbindung rechte Gehirnhälfte/Herz sehen. Die linke Gehirnhälfte ist zuständig für das Analysieren und Vergleichen mit Erfahrungen aus der Vergangenheit, fürs Nachdenken über die Zukunft etc. Die rechte Gehirnhälfte ist zuständig für das Erleben im Jetzt und für das Gottesbewußtsein, für die Verbindung mit der Quelle in uns. Sich auf die rechte Gehirnhälfte zu konzentrieren stärkt die Herzenswahrnehmung im Jetzt.
- Jede konzentrierte Wahrnehmung im Hier und Jetzt – das Achten auf Geräusche, Düfte, Gefühle und den Atem – bringt dich

in die Energie des Herzens und verbindet dich mit der universellen Quelle.

Deine Aufgabe: Finde die optimale Übung für dich. Was wirkt bei dir am besten? Frage dein Herz, wie du es am besten aktivieren kannst. Brauchst du eine Übung, die du immer wieder machen kannst, oder ist jeden Tag eine neue Übung richtig, um dich in deiner Herzwahrnehmung wach zu halten?

Aufgabe 3: Phantasie-Chi-Gong

Es gibt viele Chi-Gong-Techniken oder Hsin Tao, Zhineng Zhi Gong usw. Jede Technik hat ihre ganz eigenen Bewegungsabläufe. Das Ziel ist immer gleich: Die Energie im Körper in Fluß und in Harmonie zu bringen für eine stabile körperliche Gesundheit.

Deine Aufgabe: Finde einen Bewegungsablauf, bei dem du den Energiefluß in deinem Körper besonders gut fühlen und harmonisieren kannst. Tip: Wenn du vorher joggen oder wenigstens 45 Minuten spazieren gehst, wird es leichter, den Energiefluß zu spüren. Spazieren bringt nicht nur den Blutkreislauf in Schwung, sondern auch den Energiefluß.

Aufgabe 4: Phantasie-Heilungs-Reise

Brandon Bays hat sich von einem fußballgroßen Tumor geheilt durch ihre „Journey", eine heilsame innere Phantasiereise, die sie wieder und wieder gemacht hat. Auch innere Reisen sind kraftvolle Instrumente. Aber du mußt nicht die Reisen anderer wiederholen. Finde deine eigene. Frag dein Herz, wohin es reisen und wie es dich lenken möchte, damit du deinen inneren Heiler aktivieren, alte Schmerzen und Blockaden lösen und in einen gesunden, kraft- und liebevollen Fluß kommen kannst. Schreibe deine eigene Phantasiereise, sprich sie dir selbst auf Band, und mache sie für dich. Wenn du keine Aufnahmemöglichkeit hast, kannst du auch eine „Lese-Meditation" daraus machen: Immer einen Satz lesen, dann in Gedanken nachreisen, wieder einen Satz lesen usw.

Wie trete ich ein in den Fluß des Lebens? Wie entsteht er überhaupt? Nun, wie entsteht ein Fluß denn in der Natur? Indem sich Tropfen, die zur Erde fallen, sammeln, zusammenschließen und verbinden. Das ist ihr ganz natürlicher Instinkt: Zwei Tropfen, die sich nebeneinander befinden, wollen sich gegenseitig aufsaugen, sie wollen „eins sein".

Das Experiment kann jeder machen: Tropfe zwei Tropfen dicht nebeneinander auf eine glatte Fläche, und sie werden sich aufeinander zubewegen und zusammenfließen. Professor Kröplin (siehe www.weltimtropfen.de) hat herausgefunden, daß die Tropfen sogar dann, wenn sie ein Stückchen weiter auseinanderliegen und wir es noch nicht mit bloßem Auge erkennen können, versuchen, sich aufeinander zuzubewegen. Auf der dem anderen Tropfen zugewandten Seite wölbt sich der Tropfen in Richtung des anderen und strebt zu ihm hin, um eins mit ihm zu werden. Und aus einem Tropfen werden zwei, drei, ein Tümpel, ein kleiner Bach. Und aus ganz vielen Tropfen wird dann ein Fluß.

Wenn ich mir die vielen Milliarden Menschen als Tropfen vorstelle, die wie Regen aus dem Himmel in ihren Körper „geregnet" sind, was tun sie denn normalerweise? Sie sagen: Du bist anders als ich, dich mag ich nicht und grenzen sich so von anderen ab, grenzen andere aus. Und – zugegeben – das tun wir (Bärbel und Manfred) mit ganz vielen Menschen auch, jeden Tag – auch mit uns selbst. Wenn Wasser ein Symbol für die Liebe der Erde ist, was zeigt mir der Tropfen, der mit einem anderen fast automatisch verschmilzt? Vielleicht zeigt er mir, was natürlich ist, was natürlich wäre. Vielleicht zeigt er mir, daß dieses Abgrenzen, dieses Ablehnen anderer Menschen, diese inneren Kämpfe, das Bewerten und Kritisieren eigentlich unnatürlich sind. Vielleicht zeigt mir dieser Tropfen, wie einfach es wäre, in den Fluß des Lebens zu gelangen.

Tropfen

Das Leben gleicht Wasser auf Erden,
ein Tropfen bin ich und allein,
um einst wieder Eines zu werden,
verschmolzen im Meere des Seins.

Wie Regen so fall ich hernieden,
zu Anfang ganz blind und auch stumm,
vereinzelt fühl ich mich geschieden
von Tropfen, die um mich herum.

Nach außen zeig ich erst das andre,
weil du doch so anders auch bist,
je mehr ich das Leben durchwandre,
erkenn ich im Du, was es ist.

Das Du kommt und spiegelt mich wider
in allen Facetten des Seins,
es reißt meine Vorstellung nieder,
bringt Klarheit hinter falschem Schein.

Und hab ich Gewißheit gefunden,
daß das Du meinem Inneren gleicht,
hab Ablehnung ich überwunden,
ist Stille und Frieden erreicht.

Dann sieht sich ein Tropfen und leuchtet,
erkennt sich im anderen ganz,
verschmilzt und durchdringt und befeuchtet
den anderen liebend im Tanz.

Und aus diesem Tropfen da wachsen
erst Pfützen, dann Bäche und Seen,
sie gleichen den laichenden Lachsen,
die heimwärts zum Ursprung nun geh'n.

Um sich einst im Meer zu ergießen,
ein Körper von Tropfen vereint,
die einträchtig heilig nun fließen,
in Einheit zum Licht, das nun scheint.

Bin ich alle Tropfen gewesen,
dann sind alle Tropfen auch ich,
Mensch kann nur als Ganzes genesen,
im Lieben von dir lieb ich mich.

Manfred Mohr

III.

Wie außen, so innen

*Manche nennen das, was sie ein Leben lang
falsch gemacht haben, Erfahrung.*

Arabisches Sprichwort

Glück zieht neues Glück an, Unglück weiteres
Unglück. Meine inneren Glaubenssätze und
die damit korrespondierenden Gefühle sind
so etwas wie eine Gußform, in die ich Tag
für Tag meine Lebensenergie hineingieße. So
als ob ich eine Glocke herstellen würde. Die
Gußform entscheidet, wie die Bronze später
als Glocke aussehen wird. Nach dem Guß-
vorgang läßt man üblicherweise die Bronze
erkalten und schlägt dann die Gußform ab.
Für eine neue Glocke wird dann wieder eine
neue Form hergestellt.

In mir ist das leider etwas anders. Meine
Gußform bleibt erhalten, manchmal sogar ein
Leben lang. Im arabischen Raum gibt es für
diesen Vorgang ein schönes Sprichwort:

„Manche nennen das, was sie ein Leben lang falsch gemacht haben, Erfahrung." Erfahrung in unserem Sinne bedeutet, daß ich aufgrund meiner inneren Bilder immer wieder die gleiche Glocke gieße, also immer wieder die gleiche Glocke in meinem Leben vorfinde, ohne mir dessen bewußt zu sein. Normalerweise denke ich, daß die Dinge im Außen mehr oder weniger schicksalhaft geschehen und ich weitestgehend keinen Einfluß darauf habe.

Viele meiner Gefühle und die damit verbundenen inneren Bilder sind tief in mir vergraben und gut versteckt, fast ist es so, als sollten sie verheimlicht bleiben – sogar vor mir selbst. Dennoch sind sie irgendwie meine Partitur, mein Notenblatt, auf das ich unbewußt immer wieder schaue, ja sogar starre, wenn ich jeden Tag die Musik meines Lebens spiele. Ich denke zwar, ich sei frei, und versuche mein Handeln und Tun bewußt zu steuern. Aber die Freiheit, die ich dabei habe, ist durch die bereits festgelegten „Formen" in meinem Unterbewußtsein starr begrenzt. Da ist nur noch wenig freier Spielraum für mich übrig. Denn meine inneren Bilder und Gefühle sind sehr vielfältig und füllen mich manchmal voll und ganz aus. Sie entstammen zumeist dem Unterbewußtsein. Dieses verarbeitet in einer Sekunde Milliarden mal mehr

Informationen als mein Bewußtsein. Es ist somit viel stärker.

Viele innere Bilder sind entstanden, als ich in meinem Leben bestimmte Erfahrungen gemacht habe, in der Regel als Kind. Nehmen wir das Beispiel, daß ich als Kind von einem Hund gebissen wurde. Dabei prägte sich mir ein: „Hund beißt!" Dieses innere Bild ist um so stärker, je schmerzhafter ich diese Erfahrung erlebte, die ich als Kind emotional noch nicht wirklich bewältigen konnte, da ich dazu noch nicht in der Lage war. Die Erfahrung wird zur festen Form, zur fixen Idee, da sie tief im Unterbewußtsein vergraben wird, wodurch sie oft völlig aus meinem Bewußtsein verschwindet. Aber sie erschafft durch meine Angst und meine Erwartungshaltung immer wieder aufs Neue die Erfahrung: „Hund beißt". Der Hund, der mich dann aufs Neue beißt, ist aber nichts anderes als ein Erfüllungsgehilfe meiner inneren Bilder. Er ist so etwas wie mein Entwicklungshelfer, der mir wirklich plastisch, wenn auch meistens drastisch, meine inneren Bilder vor Augen führt. Er macht sie sichtbar.

Dies ist die andere Seite der Medaille des „wie innen, so außen". Bisher haben wir in diesem Buch nur die eine Seite der Gleichung betrachtet, nämlich die, daß wir durch Veränderungen im Inneren auch unser Außen verändern können. Das ist die Grundannahme beim Hoppen: Meine innere Welt erzeugt meine äußere Welt. Nun nutzen wir die umgekehrte Sichtweise:

Wie außen, so innen.

Das Universum ist nämlich so freundlich, uns unsere innere Welt wie im Kino auf eine äußere Leinwand zu projizieren. Unser Leben, das wir Tag für Tag erleben, ist nämlich nichts anderes als eine Leinwand, auf der wir die unbewußten Gefühle und inneren Bilder wunderschön anschauen können. Und das ist eigentlich wunderbar, denn mit diesem inneren Filmprojektor können wir in unser Unbewußtes hineinschauen und dabei unsere inneren Bilder, unser Drehbuch kennenlernen.

Das ist auch ganz schön nötig, denn sehr oft sagt mein Verstand, daß er ganz bestimmt nichts mit dem „da draußen" zu tun haben kann, so was habe ich doch ganz sicher noch nirgendwo erlebt. Ich denke doch ganz anders. Aber dabei ist es wichtig zu wissen, daß offensichtlich ein großer Teil der inneren Bilder gar nicht „meine eigenen" sind, sondern eher Teil des menschlichen Kollektivs. Sie können also auch aus meiner Ahnenreihe stammen und über Generationen hinweg auf mysteriöse Weise an mich weitergegeben worden sein. Nichts anders bearbeitet und heilt ja auch das Familienstellen. Jeder, der einmal mit aufgestellt hat, kennt aus eigener

Erfahrung die Kraft und die Intensität der Gefühle, die hier offengelegt werden. Aus unserer Sichtweise sind dies die inneren Bilder, die wir von unseren Vätern und Müttern übernommen haben. Diese Gefühle und inneren Bilder sind meine Verträge, meine Pakte, die ich geschlossen habe, meine Gesetze, wie die Welt funktioniert oder besser zu funktionieren hat.

Zum Beispiel ergab sich bei unserer Jahresausbildung zum „Coach für positive Realitätsgestaltung" bei einem „Hoppening" die Frage, warum eine Frau Angst vor der eigenen beruflichen Selbständigkeit hat. Dabei tauchte als Antwort auf diese Frage das Bild von einem Baby im Mutterleib auf, das auf dem Weg von der Seele in den Körper eine Reihe von unangenehmen Erfahrungen sowohl im Körper der Mutter als auch bei der Geburt selbst gemacht hat. Je nach gemachter Erfahrung sind dabei so viele Ängste und Zweifel entstanden, daß dieser Mensch später oft nur noch ein geringes Selbstwertgefühl hat. Beim Hoppen keimte daher die These auf, daß nur diejenigen Menschen sich selbständig machen, bei denen der Weg der Seele aus dem Himmel in den Körper relativ reibungslos vonstatten ging. Alle anderen Menschen bleiben lieber abhängig beschäftigt, da sie auf ihrem Weg in den Körper so viel Schmerz erfahren haben, daß sie es nicht schaffen, aus dem „Mutterleib" der Firma, des Angestelltendaseins, in die Selbständigkeit „geboren" zu werden.

Später habe ich dieses Erlebnis in meiner (Bärbels, kleiner Scherz) Männergruppe weitererzählt, und es kam noch eine weitere sehr interessante These dazu. Ein Mann schaute sich den Verlauf seiner Geburt an (die mit vielen Komplikationen verlaufen war) und fand, daß in seinem Leben viele Dinge ganz schön kompliziert ablaufen würden. Ihm war so, als spielte er bei vielen Geschehnissen in seinem Leben immer wieder seine schwierige Geburt nach. Und zwar immer dann, wenn er etwas Neues anfing, er also in etwas Neues hinein „geboren" wurde.

Übung: Jeder neue Anfang ist vielleicht für jeden von uns immer wieder wie eine Geburt, bei der wir die körperliche Geburt unbewußt noch einmal nacherleben. Schau dir doch mal deine Geburt an, frag deine Mutter oder diejenigen, die dabei waren, wie sie verlaufen ist. Wie war deine Geburt? Findest du Parallelen zu deinem Leben?

15. Selbstwert und Selbstliebe

Das einzig Wichtige im Leben sind die Spuren von Liebe, die wir hinterlassen, wenn wir ungefragt weggehen und Abschied nehmen müssen ...

Albert Schweitzer

Neben diesem ersten Schmerz der Geburt können mich viele weitere Faktoren prägen und mich in meinem weiteren Leben stark beeinflussen: Elternhaus, Schule, jede gemachte Erfahrung in der Kindheit. Wie die Hawaiianer meinen, prägen uns sogar die Erfahrungen unser Vorfahren und Ahnen stark mit. Jede dieser Erfahrungen wirkt somit negativ oder positiv auf mich ein – auf mein Lebensgrundgefühl, meinen Selbstwert, meine Glaubenssätze, meine Erwartungen und meine inneren Bilder.

Weil unserer Erfahrung nach das Bestellen aus dem Herzen am besten bei Menschen mit einem guten Selbstwert funktioniert, machen wir doch mal die Probe aufs Exempel und schauen uns mal unseren Selbstwert an. Wir ermitteln ihn durch einen kleinen, nicht ganz so ernstzunehmenden Selbstwert-Test. Schau dir die folgenden Formulierungen an und gib dir für „ja, stimmt genau" 5 Punkte und für „nein, stimmt gar nicht" 0 Punkte. 1-4 Punkte gibst du dir für die Nennungen dazwischen. Und los geht's:

Checkliste für meinen Selbstwert und meine Selbstliebe

− Achte ich auf mich, kümmere ich mich um meine Bedürfnisse?
− Kann ich nein sagen?
− Kann ich Grenzen setzen?
− Kann ich gut allein sein?
− Habe ich aufgehört, mich zu sehr für andere aufzuopfern?
− Verhalte ich mich bei Angriffen ruhig und gelassen?
− Bin ich die meiste Zeit des Tages in meiner Mitte?
− Kann ich loben und anerkennen?
− Empfinde ich oft Dankbarkeit für das, was ich habe?
− Umgebe ich mich mit Menschen, die mich unterstützen?
− Habe ich aufgehört, wochenlang an Problemen festzuhängen?

- Sehe ich öfter das Schöne an einer Sache?
- Habe ich aufgehört, gegen Dinge zu kämpfen, die ich nicht ändern kann?
- Habe ich aufgehört, mich oft als Opfer zu fühlen?
- Kann ich mich gut und schnell entscheiden?
- Habe ich aufgehört, mich oft schuldig zu fühlen?
- Habe ich aufgehört, mich dem Leben oft ausgeliefert zu fühlen?

0-30 Punkte: wenig Selbstwert, du darfst noch daran arbeiten
30-60 Punkte: durchschnittlicher Selbstwert
60-80 Punkte: hoher Selbstwert.
(Mehr als 80 Punkte: Du hast gemogelt, soviel Selbstliebe hat kein normaler Mensch!)

Jeder Punkt in der Checkliste für mehr Selbstliebe verrät mir etwas über meine innere Einstellung und meine innere Haltung zum Leben. Durch jeden dieser Punkte zementiere ich meine Lebenssituation durch das „wie innen, so außen" immer mehr, sowohl im Positiven wie im Negativen. Die Punkte auf dieser Liste liefern mir also auch gute Anhaltspunkte, wo ich im Leben stehe und wohin ich mich weiter bewegen möchte. Sie sind so etwas wie ein roter Faden durch mein

Leben. An jedem dieser Punkte kann ich arbeiten, kann ihn mir bewußt machen und die Situation verbessern. Und bei jedem Schritt in eine bessere Richtung erhöhe ich meinen Selbstwert und komme näher zu mir und zu dem, was ich sein möchte.

Menschen mit einer guten Portion Selbstwert und Selbstliebe ziehen anscheinend auf schier magische Weise automatisch noch mehr Dinge in ihr Leben, die sie noch glücklicher machen. Und sollten einmal Probleme und Schwierigkeiten auftauchen, dann halten sie es eher für ein Versehen des Universums und bleiben trotzdem schön in ihrer Mitte. Ein Mensch mit hohem Selbstwert dürfte wohl am besten aus seinem Herzen bestellen können.

Übung: Bearbeite jede Woche eine bestimmte Frage aus der obigen Checkliste und „geh eine größere Verpflichtung dir selbst gegenüber ein", indem du zum Beispiel sagst: „Ich möchte nächste Woche meinen Selbstwert in bezug auf diese Frage um mindestens 1 Punkt verbessern." In der nächsten Woche bearbeitest du mithilfe der Liste einen weiteren Aspekt deiner Selbstliebe.

Der Sinn dieser Übung liegt vor allem darin, daß du ganz nebenbei deine Schwingung, deine Stimmung und deine inneren Bilder verbesserst, ohne es vielleicht gleich zu merken. Natürlich werden meine inneren Bilder gespeist von meinen gerade vorherrschenden Gefühlen. Menschen mit eher geringem Selbstwert verspüren daher oft Gefühle von Zweifel, Angst und fehlendem Glauben an sich selbst. Der amerikanische Lehrer und Philosoph David R. Hawkins hat eine Liste von Gefühlen aufgestellt, die mit dem Selbstwert eines Menschen sehr stark korrespondieren. Jedem Gefühl hat er eine bestimmte Energie zugeordnet. Je mehr Selbstwert ein Mensch hat, desto mehr Energie hat er auch zur Verfügung. Und je mehr Energie ein Mensch hat, desto mehr Kraft wird er auch fürs Bestellen und die Wunscherfüllung haben:

Bewußtseinsebene (Gefühl) / Energie

Scham, Schande	20
Schuld	30
Hoffnungslosigkeit	50
Trauer, Kummer	75
Angst	100
Begierde	125
Ärger, Hass	150
Mut, Bejahung	200
Vertrauen, Loslassen	250
Optimismus	310
Vergebung	350
Vernunft	400

Liebe	500
Freude, bedingungslose Liebe	540
Frieden, Glück	600
Erleuchtung	größer 1000

(Quelle: www.spiritualwiki.org)

Schauen wir uns doch im folgenden einmal die typischen Lebensfelder an, in denen sich meine Glaubenssätze, meine inneren Bilder und mein Selbstwert nach dem Motto „Wie außen, so innen" am besten widerspiegeln:
– Beziehung und Partnerschaft
– Beruf
– Geld
– Gesundheit

16. Innere Bilder und Partnerschaft

Willst du einen König als Mann, fang an, den König in ihm zu sehen.

Schwedisches Sprichwort

Das Unterbewußtsein verarbeitet sehr viel mehr Informationen als das Bewußtsein. Wenn ich mit dem Verstand bewußt bestelle, ist es darum oft so, als würde ich mit einem Rechenschieber versuchen, gegen meinen unterbewußten Großrechner mit Mikroprozessor anzukommen. Meine Bestellung kommt oft leider nicht gegen die Urgewalt des Unterbewußtseins an.

Der Hauptschauplatz, an dem ich meine inneren Bilder besonders gut anschauen kann, ist natürlich meine Beziehung und meine Partnerschaft. An den Problemen, die ich in Beziehungen immer wieder habe, kann ich sehr schön mein inneres Drehbuch und meinen inneren Film rekonstruieren, der meinem äußeren Schauspiel zugrundeliegen muß. Diese inneren Bilder wirken über die mit ihnen verbundenen Gefühle ähnlich wie ein Motor, der immer wieder automatisch anspringt, bis ich ihn erkenne, abstelle und einen neuen Motor installiere. Wie das Hoppen oder auch das Familienstellen zeigen, ist es oft wirklich so einfach. Ich ändere die inneren Bilder und lege damit den Grundstein für ein neues Leben. Ich schreibe den Film und mein Drehbuch neu und installiere einen neuen Motor. Damit erhöhe ich auch meinen Selbstwert.

Hierzu wieder ein Beispiel: Ein befreundetes Ehepaar hat einen Hund und geht abwechselnd mit ihm Gassi. Die Frau ist überzeugt davon, daß alle Hunde in ihrem Ort völlig wild geworden sind, und kaum ein Spaziergang vergeht, ohne daß der Hund in eine Rauferei mit anderen Hunden verwickelt wird. Der Mann dagegen ist überzeugt davon, daß in ihrer Nähe nur liebe Hunde wohnen, denn er hat keine Probleme mit anderen Hunden, ja, er läßt den Hund sogar immer und überall frei und ohne Leine laufen. Und bei ihm ist der Hund immer nur brav, keine Raufereien in Sicht. Wie kann das sein?

Eine Auflösung dieses sehr realen Rätsels liefern die inneren Bilder der beiden. Die Frau hat Zeit ihres Lebens Hunde um sich gehabt, die beißen und schwer zu führen waren. Schon als Kind kam sie nur schwer mit ihrem ersten Hund klar. Sie nimmt daher jeden Hund an die Leine und ist der festen Überzeugung, das müsse so sein. Denn Hunde beißen nun mal. Der Mann dagegen hat sich viel mit Hunden beschäftigt und war sogar mal eine Zeitlang mit einer Hundetrainerin liiert. Ihm ist darum sehr bewußt, daß Hunde Gedanken oder besser Gefühle lesen können und daher immer den inneren Mustern ihrer Herrchen und Frauchen entsprechen. Die armen Kreaturen können gar nicht anders. (Manche Menschen meinen sogar, daß beißende Hunde immer nur die versteckten Aggressionen ihrer Besitzer ausleben.)

Unser Universum gleicht in dieser Hinsicht einem Hund: Es sieht unsere Gefühle und die dahinterstehenden Überzeugungen und macht daraus unser Drehbuch. Ich bin der Regisseur und praktischerweise gleichzeitig der Hauptdarsteller. Meistens aber, ohne dies zu wissen.

Eine Frau schrieb begeistert einen Leserbrief, in dem sie von einem neuen Partner berichtete, den sie jüngst bestellt hatte. Sie hatte es aber vorher monatelang erfolglos versucht. Dann fiel ihr auf, daß sie innerlich immer noch mit ihrem Exmann haderte und über ihn schimpfte. Ihr wurde bewußt, daß sie unsichtbar noch immer mit ihm verbunden, sozusagen energetisch „noch verheiratet" war. Das merkte jeder Mann, denn sie strahlte unterbewußt aus: „Ich bin noch gebunden, ich bin noch nicht frei". Erst als sie in einem kleinen Ritual die noch bestehenden Fäden zu ihrem Exmann durch Liebe und Vergebung trennte, konnte sie sich frei machen für den neuen Mann.

Im Bärbel-Mohr-Forum haben wir folgendes Thema gehoppt: „Warum finde ich einfach keine Frau?"

Die Herzensantwort: Wenn ich auf der Suche nach einer Frau wäre, aber einfach keine finden könnte, dann wäre das so, weil ich das Alleinsein völlig ablehne. Dummerweise ist aber Ablehnung auch eine Energie. Das ist wie mit dem Satz „Denk nie an einen rosa Elefanten." Dauernd denke ich ans Alleinsein. Ich verharre dauernd in dem Gefühl, alleine zu sein. Mein Gefühl verbindet mich aber mit meinem Universum. Es liest meine Gefühle und liefert mehr davon. Somit spürt jede potentielle Partnerin meinen „Wunsch" und denkt: „Na gut, wenn du allein sein möchtest, bitte schön."

Nehme ich es in mein Herz, dann tut es weh, allein zu sein. Meine dauernde Suche hat mich von diesem Schmerz getrennt, mich abgelenkt. Ich halte diesen Schmerz aus, und endlich brauche ich nicht mehr zu suchen. Ich werde „voll", wo ich vorher „leer", war. Und diese Fülle zieht dann die Frau in mein Leben, die ich immer gesucht habe.

Eine Frau hatte das Problem, daß sich Männer nach kurzer Zeit wieder von ihr trennten. Bei der Arbeit mit den inneren Bildern wurde ihr klar, daß sie nach wie vor ihren Vater verehrte, der früh gestorben war. Sie hing energetisch noch sehr an ihm. Als ihr dies durch das Hoppen bewußt wurde und sie es heilen konnte, war es so, als würden sie die Männer das erste Mal wirklich ansehen. Plötzlich wurde sie auf der Straße von fremden Männern angesprochen, und sie erschien allen sehr viel offener als früher. Nun ist sie guten Mutes, daß die nächste Beziehung stabil sein kann.

Maggy erzählte uns in einem Seminar, daß sie große Probleme mit ihrem pubertierenden Sohn hatte. Sie entdeckte das Hoppen für sich und fragte sich dabei, woher diese ewigen Streitereien mit ihrem Sohn wohl rühren könnten. Dabei kam die Herzensantwort, dieser Streit sei nur ein äußeres Zeichen ihres inneren Kampfes mit dem Vater ihres Sohnes, den sie schon kurz nach der Geburt dieses Jungen verlassen hatte. Ihrem Exmann und Vater des Sohnes hatte sie noch nicht verziehen, und nach 16 Jahren kämpfte sie innerlich immer noch mit ihm. Sobald sie diesen Kampf schlichten konnte, verbesserte sich schlagartig auch die Beziehung zu ihrem Sohn. Mittlerweile leben die beiden auch wieder zusammen in einem Haus.

In einer Beratung kam eine Frau zu uns, die sich über ihren aggressiven Partner beklagte. Wie im Gespräch schnell klar wurde, hatte sie bereits in der Kindheit schlechte Erfahrungen mit ihren aggressiven Eltern gemacht. Aggressivität wurde daher von ihr überhaupt nicht ausgelebt und ganz und gar abgelehnt. Sie wunderte sich nun sehr, daß ihr vormals so friedlicher Partner mit zunehmender Dauer der Beziehung immer wütender ihr gegenüber wurde. Sie selbst gestattete sich das Kämpfen gar nicht mehr. Alles Aggressive wurde von ihr vollständig in die Vorstellung verbannt. Ihr Partner mußte also stellvertretend seine und ihre Aggressionen ausleben und war nur ein Erfüllungsgehilfe ihrer eigenen inneren Bilder.

Nehme ich es in mein Herz, dann sehe ich, daß Aggression etwas ganz Normales ist und ich sie auch ausleben darf und kann. Je mehr ich sie ausagiere, desto weniger bürde ich sie meinem Freund auf. Dann streiten wir uns zwar manchmal heftig, aber das ist wie ein reinigendes Gewitter. Wir sagen uns dabei mal richtig die Meinung und verstehen uns danach besser als vorher. Und ich bin kein Opfer mehr und er kein schuldbehafteter Täter.

Eine Frau hat kleine Kinder und ist entsetzt darüber, daß ihr Mann sie betrügt. In einer Beratung wird deutlich, daß sie selbst auch sehr unzufrieden mit der Beziehung ist. Sie versucht, alles richtig zu machen, alles zu kontrollieren und zu manipulieren und engt damit sich und ihren Mann zu sehr ein. Der Mann erträgt irgendwann diesen Druck nicht mehr und muß ausbrechen. Wie bei der nicht ausgelebten Aggression wird hier durch die zu starke Dominanz der Frau der Mann genötigt auszubrechen und das Gegenteil zu tun. Eine andere Sichtweise wäre die, daß der Mann hier nur etwas auslebt, das bei der Frau in deren inneren Bildern schon lange vorhanden ist. Sie erlaubt sich aber nicht, diese selbst auszuleben.

Jetzt mal das Dauerthema schlechthin: Ein Mann reagiert eifersüchtig, wenn seine Partnerin sich mit anderen Männern trifft. Wenn ich mir mit meinen Herzensaugen diesen Mann ansehe, der reserviert auf meine Kontakte zu Exfreund und anderen Männern reagiert, dann tut er das, weil er spürt, daß er seiner Frau nicht das gibt, was sie wirklich sucht und von ihm braucht. Daher weiß er, daß sie „es" sich woanders holt – nämlich Aufmerksamkeit, Freude, Anteilnahme, Austausch: nenn es Liebe. Er würde es ihr gern geben, aber er weiß nicht wie.

Wenn ich die Frau mit ihrem eifersüchtigen Mann mit den Herzensaugen anschaue, dann sehe ich, daß sie sich diese Situation erschafft, weil sie in der Angst lebt, sie würde etwas verlieren oder sich auflösen, wenn ihr Mann sie wirklich voll und ganz lieben und ihr alles geben würde, was sie braucht und sich ersehnt. Im Grunde hat sie Angst vor ihrem vollkommenen Glück – darum sucht sie sich einen solchen Mann.

Dies sind nur einige Beispiele, die das Wirken von inneren Bildern und Gefühlen verdeutlichen sollen. Selbstverständlich sind wir aber alle verschieden, und natürlich können bei ähnlichen Beziehungsthemen auch ganz andere Hintergründe dahinterstecken. Unserer Erfahrung nach fördert die Sichtweise der Herzensaugen auch bei sehr ähnlichen Themen mitunter ganz unterschiedliche Hintergründe und innere Bilder zutage. Jeder Mensch ist eben anders, und so soll es ja schließlich auch sein.

Auf eine kurze Formel gebracht, gilt für die Anwendung der inneren Bilder der schon bekannte Satz: **Du kannst nur bekommen (außen), was du (innerlich) schon hast.** Er läßt sich auch auf die Themen Beruf, Geld und Gesundheit anwenden.

Übung: Vorher aber noch eine Übung, die viel über die inneren Bilder zum Thema Partnerschaft aussagen kann: Was sehe ich, wenn ich meine Partnerschaft aus der Sicht meines Herzen anschaue? Welche Geschichte entsteht dann vor meinem inneren Auge?

17. Du nimmst dich immer mit

Wirklich gute Freunde sind Menschen, die uns genau kennen und trotzdem zu uns halten.

Marie von Ebner-Eschenbach

Gerade im Umgang mit anderen Menschen kommt zu der Wirkung und Kraft der inneren Bilder noch ein wesentlicher Verstärker hinzu: die Rückkopplung. Ich wirke auf andere Menschen durch die Ausstrahlung meiner inneren Bilder ein. Und genau so wirken andere Menschen durch ihre inneren Bilder und die dahinterstehenden Glaubenssätze auf mich ein.

Bin ich beispielsweise ein Mensch, der immer und überall seine Leidensgeschichte herumerzählt, dann strahle ich eigentlich immerzu aus: Ich bin ein armer Kerl. Aus. Dies ist mein Grundlebensgefühl, das meine Realität erzeugt. Und meine inneren Bilder sehen natürlich dementsprechend aus. Mein Unterbewußtsein hört mir immer gut zu. Die Rückkopplung besteht nun darin, daß auch mein

Umfeld irgendwann anfängt zu denken: Schau mal, da kommt er wieder, „der arme Kerl". Das heißt, auch mein Umfeld verstärkt meine Grundhaltung und untermauert sie, bis sie zweifelsfrei als Realität feststeht. Dies ist ähnlich wie beim Gassigehen mit dem Hund, bei dem alle Hunde nur noch bellen und beißen – weil ich es so erwarte. Der Kreis schließt sich dann um mich und bleibt wie er ist.

Die Herzensübung im Hinblick auf die immer und überall bestehende Rückkopplung besteht hier in der Frage: Was strahle ich gerade aus? Denn ich erschaffe auch mein Umfeld durch die Gefühle und inneren Bilder, die ich aussende. Wie gebe ich mich gerade nach außen? Und noch genauer: Was sende ich durch meine Gedanken und Gefühle aus? Denn ich sende immer irgend etwas, das geht gar nicht anders. Dieses Aussenden von Gedanken und Gefühlen durch meine Ausstrahlung ist eine grundlegende Eigenschaft meines Menschseins.

Und eigentlich bin ich als Mensch auch so gedacht, daß ich immer mit meinem Umfeld in Resonanz stehe. Völlig teilnahmslos zu sein und nichts zu tun – das ist gar nicht möglich. Ich kann grundsätzlich gar nicht NICHTS tun. Denn durch die Wirkung meiner inneren Bilder sende ich immer irgend etwas aus. Was gebe ich gerade in diese Situation hinein?

Welche Gefühle, Erwartungen und Vorstellungen? Wie würde sich diese Situation verändern, wenn ich sie mit meinen Herzensaugen anschauen würde? Was würde ich dann aussenden?

Übrigens muß ich keineswegs immer nur lieb und nett sein. Manchmal sagen mir meine Herzensaugen genau das Gegenteil, zum Beispiel: „Jetzt sage ich nichts." Oder: „Jetzt zeige ich auch mal meine Verletztheit oder sage auch mal nein." Manchmal ist genau das genau richtig. Vielleicht ist es das, was der andere gerade am meisten braucht. Besonders Kinder brauchen ab und zu auch mal eine Grenze, eine Bremse, und sind wir nicht alle innerlich irgendwo noch Kinder, auf dem Weg zum inneren Erwachsenwerden?

Die Hawaiianer sagen, genau diese „inneren Kinder", die ungelebten Anteile in uns, sind es, die unterbewußt unsere Probleme herbeiführen. Egal wohin ich gehe: in die Beziehung, in den Job, in die Nachbarschaft, zur Bank:

Ich nehme mich immer mit.

Ich bin immer dabei. Ich wirke auf meine Partner, Kinder, Kollegen und Freunde durch meine inneren Muster und inneren Bilder. Und sie wirken auf mich. Bin ich ein unbewußter Mensch, dann lasse ich dies mit mir geschehen, reagiere impulsiv auf die Signale und Energien aus meinem Umfeld und bin daher weitgehend ausgeliefert. Ich werde gelebt. Lebe ich aber weitgehend bewußt und kenne das Prinzip der Rückkopplung und der Einwirkung auf mein Umfeld, dann werde ich selbst aktiv: Ich sehe immer mehr mit den Augen meines Herzens, höre auf zu reagieren und die Rückkopplung weiter zu verstärken. Ich breche aus dem Schwingkreis aus und nutze die Energie meines Herzens, um selbst aktiv eine neue Richtung einzuschlagen. Ich durchbreche das Muster, kreiere neue, heilsamere innere Bilder und werde zum Schöpfer, wo ich früher Opfer war.

Bin ich mir erstmal über die Kraft meiner inneren Bilder bewußt, dann kann ich sie auch verändern. Und das ist viel einfacher, als ich denke. Neben dem Hoppen und dem Bestellen aus dem Herzen gibt es dazu eine ganze Reihe von Techniken wie z.B. das Familienstellen, „The Work" von Byron Katie oder „The Journey" von Brandon Bays. All diese Techniken arbeiten mit den inneren Bildern, indem sie alte überschreiben und neue Erfahrungen darüber legen. Damit schreiben sie unser Drehbuch grundlegend neu.

Wie sehr unser Umfeld uns über die Rückkopplung mitbeeinflußt, zeigt sich auch sehr deutlich bei der Partnersuche. Ich strahle nach außen aus: „Ich bin allein. Ich bin so allein. Ich bin unglücklich allein. Mein ganzes

Wesen ist angefüllt mit Bildern der Trennung und dem Schmerz, der damit zusammenhängt." Wie reagiert mein Umfeld darauf? Das andere Geschlecht spürt meine Notlage und kümmert sich vielleicht um mich. Als Partner komme ich so aber nicht wirklich in Frage. Viele, die längere Zeit allein waren, kennen das Phänomen: Die neue Partnerschaft stellt sich oft erst ein, wenn die alte Beziehung überwunden wurde und die Trennung und der Schmerz weitgehend geheilt sind. Denn dann höre ich auf, nach einer neuen Partnerschaft zu suchen und fange an, mein Leben wieder in ganz normale Bahnen zu lenken. Je zufriedener ich mit mir allein bin und mein Single-Dasein akzeptiere, desto begehrenswerter werde ich für andere potentielle Partner. Je mehr ich innere Bilder der Freude ausstrahle, um so attraktiver werde ich.

18. Beruf und Erfolg

Verbringe nicht die Zeit mit der Suche nach einem Hindernis. Vielleicht ist keines da.

Franz Kafka

Wo sonst außer in meiner Partnerschaft bin ich viel mit anderen Menschen zusammen? In meinem Job! Also werden auch hier meine inneren Bilder und Gefühle mein Umfeld am stärksten beeinflussen. Und die positive Veränderung der inneren Bilder durch die Sicht der Herzensaugen wird am schnellsten positive Veränderungen bringen.

Typisches Beispiel: Zwei Leute bewerben sich auf dieselbe Stelle. Wer bekommt sie?

Jemand, der im bisherigen Job frustriert ist und hofft, möglichst schnell da wegzukommen? Oder jemand, der die Stelle toll findet und sich dort am besten verwirklichen kann? Wie sehen die inneren Bilder aus?

Ein Beispiel aus unserer Praxis: Rufus berichtete uns, er sei nur von doofen Kunden und blöden Kollegen umgeben. Er arbeitet im Einzelhandel, bewirbt sich fleißig um eine neue Stelle, findet aber zu seiner Verzweiflung nichts. Sehe ich in seine Innenwelt, ist klar, daß sie sich in seiner Außenwelt spiegeln muß. Der doofe Job hat innerlich eine Entsprechung in Frustration und Verzweiflung. Mal so herum gefragt: Wenn du einen neuen Job möchtest, wie sollte der besser sein als dein bisheriger, solange du innerlich so bleibst, wie du bist? Ändere dein Inneres, und du änderst dein Außen, automatisch. Lächle, und die Menschen um dich herum werden zurücklächeln. Das ist wie in der Geschichte vom Hund im Spiegelsaal in *Bestellungen beim Universum*.

Wie änderst du dein Inneres? Fang einfach an, mit den Herzensaugen zu sehen. Das Gute ist immer da. Gieß es wie ein junges Pflänzchen, dann wird es immer größer. Was ist gut an deiner Situation? Du hast einen Job, du hast Geld, es gibt auch nette Kunden, das hast du wieder gut gemacht, ein Kollege hat dich unterstützt. Fang an, das Gute zu sehen und anzuerkennen, und es wird sich mehren, denn innen ist dann Dankbarkeit statt Ablehnung.

Das Universum schaut: Was möchtest du, welche Bilder, Gefühle sind in dir, und dementsprechend wird geliefert, und zwar immer. Das Universum findet Freude toll und liefert freudigen Menschen noch mehr Anlässe zu weiterer Freude. Wie schon erwähnt: Das Universum sagt: Ich kommuniziere mit dir, aber ich kenne keine Worte und Buchstaben. Ich kenne nur Gedanken, innere Bilder und Gefühle. Gefühle sind am klarsten für mich zu verstehen. Jedes Gefühl, das du regelmäßig hast, bestellt unbewußt und automatisch das ihm Entsprechende.

Hier noch eine Übung für deine Herzensaugen: Wie stehst du innerlich zu der Firma, für die du arbeitest: Magst du sie oder lehnst du sie ab? Was gibst du deiner Firma, deinem Chef gerade im Moment durch deine Gedanken und Gefühle? Was kannst du deiner Firma Gutes geben, was braucht sie von dir?

19. Geld

*Der Sturm entfacht das Feuer, aber er lässt die
Flamme erlöschen.*

Arabisches Sprichwort

Bei kaum einem anderen Thema werden die
Kraft und die Wirkungsweise meiner inneren
Bilder deutlicher als beim Geld. Man könnte
sagen, Geld ist im Grunde nichts anderes,
als das, was ich daraus mache. Manche be-
haupten, Geld sei schmutzig oder viel Geld
könne nur durch Betrug erzielt werden, nach
dem Motto: Wer Geld hat, hat es bestimmt jemandem abgenommen. Hinter jedem dieser
Sätze steht aber ein inneres Bild, das ich dem
unschuldigen Geld aufdrücke, ja aufpräge.

Wie ist dein Bild von deinem Geld? Am
besten machen wir gleich hier eine Übung
dazu:

a) Was denkst und fühlst du in bezug auf
Geld?

b) Frage dein Herz: Wenn ich mein Geld wäre,
warum hielte ich mich von mir fern?

Auf der DVD zum Buch *Cosmic Ordering – Die neue Dimension der Realitätsgestaltung aus dem alten hawaiianischen Ho'oponopono* haben wir auch das Beispiel eines Menschen gehoppt, der gar kein Geld hat. Die inneren Bilder, die uns die Herzensaugen zeigten, waren sehr karg und trocken, es zeigte sich eine Landschaft, in der einfach nichts wächst. Auf die Frage, warum das Geld sich von diesem Mann fernhielt, kam die Antwort, dieser Mensch wisse offenbar gar nichts Rechtes mit Geld anzufangen. Das Geld hatte in diesem Beispiel Ähnlichkeit mit Regen, der gern etwas bewässern und etwas wachsen sehen möchte. Es würde sich wünschen, daß in der kargen Landschaft Blumen wachsen, denen es gern den nötigen Regen spenden würde. (Übrigens hat das Hoppen anscheinend auch hier etwas verändern können, denn dem Mann im genannten Beispiel geht es heute in seinem Verhältnis zum Geld schon wieder besser. Er hat seine Sichtweise dazu verändert, kann besser damit umgehen, und er freut sich auch mehr an dem, was er hat.)

Was sagt dieses Bild über Geld? Geld ist weder böse zu mir noch nett, sondern es gehorcht nur sehr brav meinen inneren Bildern. Wenn ich innerlich in Mangel lebe und mich arm fühle, dann kommt das Geld nicht gern zu mir. Wenn ich aber voller Freude bin und mir und anderen gern eine Freude bereite, stellt sich das Geld nur gar zu gern zur Verfügung und „regnet" auch immer wieder nach. Es möchte gern die Blumen der Freude begießen.

So können mir auch die Bilder, die ich vom Geld habe, einen schönen Einblick in mein eigenes Inneres gewähren: Welche Vorstellung verbinde ich mit Geld? Genau diese Vorstellung zeigt an, wie es um meine Freude, mein Glück oder mein inneres Mangelgefühl bestellt ist. Geld ist eigentlich so etwas wie ein Spiegel, der mir zeigt, wie ich selbst bin. Ich kann in diesen Spiegel hineinschauen und mich selbst erblicken. Geld hat sehr viel zu tun mit meinem Selbstwert und meiner Selbstliebe. Weitere grundsätzliche Fragen in bezug auf Geld können sein: Wie dankbar bin ich für Geld? Und: Was macht mir wirklich Freude?

Bestelltip: Wenn du Geld bestellen willst, schau am besten, was du damit machen möchtest. Was würde dir Freude machen, mit deinem Geld zu kaufen? Und welches Gefühl möchtest du eigentlich damit kaufen? Geld selbst ist über innere Bilder schwer zu erfassen und unkonkret. Bestellungen gelingen generell besser, wenn ich mir den Gegenstand oder das Gefühl vorstelle, von dem ich eigentlich mehr in meinem Leben haben möchte.

20. Gesundheit

*Die wichtigste Stunde ist immer die Gegenwart,
der bedeutendste Mensch immer der, der dir
gegenübersteht, und das notwendigste Werk ist
immer die Liebe.*

Meister Eckhart, deutscher Mystiker
(um 1260-1327)

Als viertes Thema soll hier das Thema Gesundheit besprochen werden. Unser Körper reagiert sehr sensibel auf unsere Gefühle und inneren Bilde, die ihn entweder gesund oder krank machen können. Unsere Zellen spüren (wie ein Hund), ob sie sich in einem Terrain angenehmer oder unangenehmer Gefühle und Bilder befinden. Je nachdem wachsen und gedeihen oder sterben sie.

Hierzu wieder eine kleine Übung:

Wie denke ich über meinen Körper?

Was tue ich für ihn?

Herzensfrage: Was braucht mein Körper, um gesund zu sein?

Gesundheitsthemen haben wir im Forum oder auf unseren Seminaren schon häufig gehoppt: Eine Frau zum Beispiel litt schon seit Wochen unter den verschiedensten Krankheiten und wollte wissen, warum. Beim Hoppen deuteten viele Antworten darauf hin, daß sie diese körperlichen Symptome entwickelte, damit sie wieder mehr auf ihren Körper hört, der sich übergangen fühlte und Mucken machte, um Aufmerksamkeit und Pflege zu bekommen. Er sagte „Ich bin auch wichtig" und zeigte der Frau durch die Krankheiten, daß sie nicht in ihrer Mitte war und sich überforderte.

Die Wirkung innerer Bilder zeigt sich auch beim sogenannten Placebo-Effekt. Ein Placebo wirkt nämlich dann am besten, wenn ich mit der Einnahme des vermeintlichen Medikaments (in Wirklichkeit ja bloß ein wirkungsloser Stoff, ein Placebo eben) innere Bilder von Gesundheit und Heilung verbinde. Halte ich jedoch innerlich an meiner Krankheit fest und zweifle an dem Medikament und am Arzt, ist der Heilerfolg eher gering.

Der bereits erwähnte Wasserforscher Masaru Emoto hat dazu ein Experiment mit gekochtem Reis gemacht: Wenn ich auf das Glas mit gekochtem Reis kleine Zettelchen mit Worten wie „Liebe" oder „Dankbarkeit" klebe und das Glas einmal am Tag bespreche, dem Reis sage, wie schön er ist, dann bleibt er trocken. Klebe ich das Wort „Haß" auf das Glas und gehe einmal am Tag haßerfüllt zu ihm hin, dann wird der Reis schimmelig. Ähnlich wie den Reis mache ich auch meine Organe, meine Zellen, ja meinen ganzen Körper gesund oder krank.

Somit ist jeder Ärger, jede Wut auf etwas im Außen oder aber auch auf mich selbst immer schlecht für meinen Körper, da jede meiner Zellen die gerade vorherrschende Energie im Körper voll abbekommt. Zuerst einmal gebe ich die Wut, den Neid und jede ungute Energie mir selbst. Welche Energie gebe ich mir gerade? Was strahle ich gerade in meine Umwelt aus?

Natürlich spürt mein Körper auch sehr bald, wenn ich zuwenig Selbstwert und Selbstliebe in mir habe. Denn diesen Mangel gebe ich auch meinen Zellen und mir selbst. Wo Selbstliebe fehlt, können sich Ängste, Zweifel und Schuldgefühle breitmachen, und diese tun meinen Zellen sicher nichts Gutes.

21. Selbstwert und Glück

*Nicht die Schönheit entscheidet, wen wir lieben,
sondern die Liebe entscheidet, wen wir schön
finden.*

Sophia Loren

Was macht glückliche Menschen aus? An den
vier eben genannten häufigsten Bestellthe-
men wurde sehr deutlich: Je mehr ich in der
Selbstliebe bin und Liebe ausstrahle, um so
mehr strahlt die Liebe zu mir zurück:

- In der Partnerschaft zeigt sich dies, da ich
  angefüllt mit Liebe einen liebevollen Partner habe oder einen neuen Partner in mein
  Leben ziehen kann.
- Im Beruf merken mein Chef und/oder
  meine Kunden, daß ich mich mag, eine
  liebevolle Ausstrahlung habe und daher
  den Erfolg anziehe.
- Auch das Geld spürt meine innere Freude,
  es kommt zu mir und fließt nach dem Aus-
  geben wie selbstverständlich auch wieder
  zu mir zurück.

- Gesundheitlich freuen sich meine Zellen und meine Organe über die guten Gefühle und Bilder, die ich ihnen durch meine Selbstliebe automatisch weitergebe.

Noch deutlicher wird dies, wenn wir uns auf ähnliche Weise dem Thema Glück nähern. Buddha sagt: „Es gibt keinen Weg zum Glück, Glück ist der Weg."

- Bin ich glücklich, weil ich mich selbst liebe, ist es mein Partner automatisch auch. Suche ich nach einem Partner, um glücklich zu werden, kann das so lange nicht funktionieren, wie meine inneren Bilder auf Unglück programmiert sind, da sie dieses in mein Leben ziehen.
- Bin ich glücklich, weil ich einen interessanten und ausfüllenden Beruf habe, werde ich beruflich erfolgreich sein. Suche ich einen ausfüllenden Beruf, um glücklich zu sein, so wird dies solange nicht funktionieren, wie meine inneren Bilder auf Unerfülltheit stehen und diese in mein Leben ziehen.
- Bin ich glücklich, weil ich ausreichend viel Geld besitze, werde ich weiterhin genügend Geld haben. Suche oder wünsche ich mir dagegen Geld, um glücklich zu sein, wird dies nicht funktionieren, da meine inneren Bilder auf Mangel programmiert

sind und mehr davon in mein Leben ziehen.

- Bin ich glücklich, weil ich einen gesunden und kraftvollen Körper besitze, wird mein Körper gesund bleiben. Suche und wünsche ich mir Gesundheit, da ich krank bin, wird dies nicht funktionieren, solange meine inneren Bilder auf Krankheit stehen.

22. Was glückliche Menschen ausmacht

Der Schwache kann nicht verzeihen. Verzeihen ist eine Eigenschaft des Starken.

Mahatma Gandhi

Selbstwert und Glück hängen sehr eng zusammen, man könnte auch sagen, sie bedingen einander. Schon seit Jahren werden Untersuchungen zur Lebenszufriedenheit und zum Glück durchgeführt. Diese Untersuchungen hatten zum Ergebnis, daß sich glückliche Menschen durch folgende Eigenschaften auszeichnen (Quelle: www.spiritualwiki.org): Sie

- hadern weniger mit ihrem Schicksal
- leben in der Gegenwart
- führen ein einfaches Leben
- reduzieren ihren Medienkonsum
- gehen Risiken ein und stellen sich Problemen
- treffen Entscheidungen schneller
- pflegen Freundschaften
- gehen einer erfüllenden Tätigkeit nach
- tun sich selbst was Gutes
- sind dankbar

- haben eine Lebensvision
- glauben an einen übergeordneten Sinn des Lebens.

Wieder lassen sich aus den einzelnen Punkten Tips und Tricks ableiten, um mehr persönliches Glück in unser Leben zu ziehen. Daher gehen wir jetzt die einzelnen Punkte der Liste Stück für Stück durch. In *Bestellungen beim Universum* findet sich das Kapitel: „Geh eine stärkere Verpflichtung dir selbst gegenüber ein". Hier hast du nun zwölf Übungsfelder in deinem Leben, wo du dies sehr produktiv ausprobieren kannst, um dein Leben glücklicher zu gestalten.

1. Glückliche hadern weniger mit dem Schicksal

Übung: Mach dir eine Liste mit Gegebenheiten und Tatsachen in deinem Leben, eine Art Ist-Analyse also. Schreib mindestens 15 Situationen auf, die in deinem Leben gerade stattfinden oder schon länger so sind. Dann mach dir eine Positiv-Negativ-Liste: „Was an diesen Dingen ist gut oder schlecht?" Frage anschließend dein Herz: „Was ist an den negativen Dingen gut?" Oder: „Warum ist dieses Problem mein bester Freund? Was ist der Vorteil, den ich durch dieses Problem habe?"

Tip: Wenn du einer schwierigen Situation mit verschlossenem Herzen begegnest, wird sie in der Regel noch schwieriger. Gelegenheiten, sie zu verbessern, rauschen außerdem unerkannt an dir vorbei. Übe, dem göttlich-universellen Teil in deinem Herzen zu vertrauen, egal was kommt. Gehe mit offenem Herzen auf das Leben zu. Du wirst dich in der gleichen Situation besser fühlen, Gelegenheiten zur Verbesserung viel schneller wahrnehmen und vielleicht sogar einen übergeordneten Sinn in den Dingen entdecken.

Und das Wichtigste: Solange du dein Herz offenhalten kannst, ist das Leben immer lebenswert, auch wenn es gerade sehr schwierig sein sollte.

2. Glückliche leben in der Gegenwart

Übung: Kleine Kinder sind immer in der Gegenwart, sie grübeln weder über die Vergangenheit noch über die Zukunft nach. Werde wieder ein bißchen mehr Kind. Lerne wieder zu spielen. Ich (Manfred) tue das in meiner Männergruppe, wo sich in bestimmten Abständen ein paar Männer zwanglos zum Erzählen und Kartenspielen treffen. Es geht dabei vor allem ums Spaßhaben, ums Lachen und einfach Ich-selbst-sein-Können. Viele Ureinwohner nennen so eine Zusammenkunft ein „Gathering", eine Verabredung, bei der der

Stamm oder alle Bewohner des Dorfes zusammenkommen, um sich einfach zu treffen und geschehen zu lassen, was eben passieren soll. Man trifft sich und schaut, was dabei gesprochen und getan wird – ohne Ablaufplan und Zeitvorgaben. Also: Lade dir eine Gruppe Menschen ein zum zwanglosen Treffen, Kochen, Quatschen und Spielen.

3. Glückliche führen ein einfaches Leben

Übung: Triff eine Verabredung mit dir selbst oder lade dir deinen besten Freund ein. Die Aufgabe lautet: „Zenne" deine Wohnung, das heißt: Bring mehr Ordnung und Zen-Energie in deine Räume. Schau, wo du Ordnung machen, etwas aufräumen oder sogar wegwerfen kannst. Mache nicht Ordnung, damit es ordentlich ist, sondern damit der Raum eine harmonische, ruhige Ausstrahlung bekommt. Schau in den Raum und frage dich: Was kann ich noch ändern, damit der Raum eine angenehme ruhige Wirkung auf mich hat? Wenn du das tust, hast du den Raum „gezennt".

Etwas Ähnliches kannst du in vielen Bereichen deines Lebens tun: Den Kühlschrank zennen, den Schreibtisch zennen, deinen Tagesablauf zennen. Die Dinge einfach zu gestalten bedeutet, dir selbst Zeit und Raum zu geben, um einfach nur zu sein, hinzuspüren und dich selbst mit allen Sinnen wahrzunehmen.

Das Gegenteil ist Reizüberflutung und ein Beschäftigtsein mit tausend unnötigen Kleinigkeiten. Zum Glücklichsein gehört auch dazu, öfter mal einfach nur die Seele baumeln zu lassen, ohne das Gefühl, daß noch zig Dinge erledigt werden müßten. Die Abkürzung zu einem einfacheren Leben heißt: Frag dein Herz, bevor du wieder irgendeinen zusätzlichen Kram lagerst, weitere Tätigkeiten planst etc. pp.: „Liebes Herz, willst du das wirklich? Oder lenke ich mich gerade nur ab von mir selbst? Wozu? Mein Herz, laß uns hinspüren bis zum Grund in uns selbst, nur du und ich..."

4. Glückliche reduzieren ihren Medienkonsum

In der Eso-Szene hat es sich längst rumgesprochen: Je weniger TV-Nachrichten, desto glücklicher lebt es sich. Und wer unbedingt Weltnachrichten hören oder sehen will, sollte es in der Mitte des Tages tun und darauf achten, daß er seinen Tag mit positiven Gefühlen und Eindrücken sowohl beginnt als auch beendet.

Mit den ganzen virtuellen Realitäten im Internet, dem Handy und all diesen Dingen ist es ähnlich: Weniger ist oft mehr! Allein schon das unnatürliche Licht des Bildschirms, der Elektrosmog und der Entzug echter zwischenmenschlicher Kontakte entsprechen keiner für den Menschen „artgerechten Haltung" und machen darum auch nicht glücklich.

Das Problem ist nur, daß ein vom übermäßigen Medienkonsum geswitchtes Gehirn (verdrehtes Gehirn) immer mehr von dem will, was ihm nicht bekommt. Auf gut deutsch: Es ist süchtig und keineswegs glücklich.

Helfen gegen geswitchte Gehirne und Süchte aller Art sollen ein paar schlichte Übungen von Dr. Manfred Doepp,

Kurzanleitung hier: http://www.youtube.com/watch?v=fXQqvMjKeec

Übung: Gehirn entswitchen und dann erstmal raus in die Natur, mal alleine, mal mit Freunden, den Körper bewegen und sich selbst komplett durchlüften. Medienkonsum? Na klar, aber spiritueller Medienkonsum geht so: Ich werde selbst ein hellsichtiges Medium für die Weisheit meines Herzens. ☺ Ich gehe durch die Welt und sehe sie mit Herzensaugen an (sehe die Schönheit überall), ich lausche mit Herzensohren (höre hin, um was es wirklich geht, erkenne den oft verdeckten Ruf nach Liebe etc.) und übe mich darin, mit „Herzensmund" zu sprechen, damit jeder Mensch, der mir begegnet, glücklicher von mir geht, als er gekommen ist. Als Herzensmedium dieser Art wirst du von Tag zu Tag glücklicher, und gratis ist es noch dazu.

5. Glückliche gehen Risiken ein und stellen sich Problemen

Als ich den „Shoppingguide für inneren Reichtum" geschrieben habe, wollte ich für ein Kapitel gerne glückliche Millionäre interviewen. Das war schwierig, unglaublich. Die sind einfach fast alle nicht glücklich. Wir denken oft: Wenn ich nur genug Geld hätte, wenn nur alle meine Probleme weg wären, wenn nur dies und wenn nur das, dann wäre ich glücklich. Aber so ist der Mensch nicht gebaut: Glücklich macht uns weder viel Geld, noch das Fehlen von Problemen, sondern die Fähigkeit, positiv mit ihnen umzugehen. Das Lösen und Überwinden von Problemen bereitet Freude. Es schafft auch neue Verbindungen im Gehirn und wirkt als Lebenselixier erfrischend und vitalisierend. Wer alle Probleme zu vermeiden sucht, wird nicht glücklich sondern frustriert.

Übung 1. Risiken eingehen: Probier mal etwas Neues aus. Aber fang im Kleinen an. Verlaß mal die Komfortzone deines Lebens ein kleines Stück und schau, wie es „da draußen" aussieht. Was wolltest du schon immer mal tun? Mach dir eine Liste: Einen Aquarellmalkurs besuchen? Einem Chor beitreten? Anfangen zu joggen? Einen neuen Nachbarn einladen? Laß das Neue in dein Leben, langsam, Stück für Stück, und schau dir an, wie sich dein Glücksgefühl dabei verändert.

Übung 2. Stell dich deinen Problemen: Oft sind dir Probleme gar nicht wirklich bewußt. Denn wir neigen ja dazu, unsere Schwierigkeiten zu übersehen und auch zu verdrängen. Also frag dich doch mal ganz ehrlich: Gegen welche Menschen hegst du schon längere Zeit Groll und du wechselst die Straßenseite, wenn du sie siehst? Vor welchen Menschen hast du vielleicht Angst? Was könntest du tun, um eine Verbesserung der Situation herbeizuführen? Frag deinen besten Freund um Rat. Oder frag dein Herz: „Was könnte ich tun, um mit dieser Person in Frieden zu sein?"

6. Glückliche treffen schnellere Entscheidungen

Dieser Punkt hat sehr viel mit dem eben besprochenen „Stell dich deinen Problemen" zu tun. Wenn ich Probleme länger liegenlasse, ohne sie zu lösen, dann tue ich das oft aus Angst vor einer Entscheidung. Manchmal kann das nämlich auch bedeuten, daß ich mich mit einem Menschen ausspreche oder mich im Extremfall sogar ganz von ihm trenne. Das Hinauszögern einer Entscheidung löst natürlich nicht das Problem, ganz im Gegenteil: Schon nach kurzer Zeit hast du in deinem Leben eine ganze Menge „Baustellen", die dir deine Energie rauben und bewirken, daß du dich völlig hilflos fühlst, und das um so mehr, je mehr neue Brandherde in deinem Leben aufflackern. Also entscheide so etwas lieber schnell und arbeite es ab, um frei davon zu sein. Glückliche Menschen treffen lieber eine falsche Entscheidung, als sie ewig aufzuschieben. Denn sie wissen, daß sie immer die Möglichkeit haben, später wieder neu zu entscheiden. Eine wesentliche Voraussetzung für Glück ist es nämlich, dein Leben und die Dinge selbst zu gestalten. Wenn ich statt dessen Entscheidungen aufschiebe, dann fühle ich mich schnell als Opfer der Umstände. Denn auch eine verschobene Entscheidung ist eine Entscheidung, nämlich die, das Aufgeschobene noch eine Weile länger zu erdulden. **Übung:** Mach eine Liste von Dingen in deinem Leben, die dir angenehm sind, und eine Liste von dem, was dir unangenehm ist. Was würdest du gern ändern? Mach dir klar, daß du schon immer die Möglichkeit hattest, diese Veränderungen herbeizuführen. Bisher hast du dich durch dein Nicht-Entscheiden für diese Situation ausgesprochen. Zum Glück mußt du die Veränderung ja nicht alleine bewerkstelligen. Geh einfach eine stärkere Verpflichtung dir selbst gegenüber ein und bestell dir, daß dir das Universum bei der Entscheidung und der Veränderung dieser Lebenssituation hilft. Wünsch es dir wirklich von Herzen und laß dabei die Liebe mitwirken.

7. Glückliche pflegen Freundschaften

Gute Beziehungen zu anderen Menschen stärken das Glücksempfinden in hohem Maße. Glück macht erst so richtig glücklich, wenn man es teilen kann. Glück allein ist auf die Dauer fad.

Untersuchungen haben ergeben, daß erfolgreiche Menschen auch beruflich ein intaktes Netzwerk von Kontakten und Bekanntschaften zu ehemaligen Kunden oder Kollegen pflegen, das bei Neubewerbungen oder Umorientierungen im Beruf sehr hilfreich sein kann. Außerdem ist ein gutes Verhältnis zu direkten Kollegen natürlich auch sehr förderlich für das persönliche Glücksempfinden im Beruf.

Übung: Dies ist vielleicht die einfachste Übung von allen: Geh dein Notizbuch durch und schau nach, welche guten Freunde du lange nicht mehr gesehen oder gesprochen hast. Nimm dir wieder mal Zeit und frag dich, wen du mal wieder treffen möchtest. Welcher Mensch tut dir gut, und wem möchtest du selbst mal wieder etwas Gutes tun?

Übung: Wenn du Ausschau hältst nach neuen Freunden, halte Ausschau mit dem Herzen, nicht mit dem Verstand.

Ein Beispiel: Ich (Bärbel) war letztes Jahr mit einer Frau aus meinem Seminar in einer anderen Stadt abends noch in einer Bar. Sie war neu in der Stadt und wußte nicht, wie sie in Kontakt mit anderen kommen sollte. Da fiel mir doch gleich eine meiner ganz alten Übungen von früher ein (ich bin selbst der Typ, der sowas braucht). Sie brachte prompt das gleiche gute Ergebnis ein wie schon so oft...

Wir saßen also in der Bar und ich fragte sie, mit wem sie denn am liebsten in Kontakt treten würde, wenn sie sich so umsehen würde. Zwei Männer in etwa ihrem Alter, gutaussehend und erschreckend desinteressiert an ihrer Person, nannte sie mir. Keiner von beiden würdigte sie eines Blickes. Grund genug für sie, schon wieder frustriert zu sein.

OK, dann spielen wir doch mal ein anderes Spiel:

A) Beginne damit, dich ganz auf dich und dein Herz zu konzentrieren, schließe wenn nötig die Augen dazu. Danach schau dich um und betrachte alles und jeden mit Herzensaugen: Sieh die Schönheit im Mobiliar, in den Bildern an der Wand, überlege, was der Wirt sich dabei gedacht haben könnte, sieh die Schönheit in jeder Seele, erkenne die Liebe oder den „Ruf nach Liebe" in jedem Menschen, sieh die Schönheit in der Bedienung, sei ein Gast, der ihre Arbeit angenehm macht, der ihr Herz erwärmt etc.

B) Dann sieh dich noch einmal um, wo dir jemand – ungeachtet von Geschlecht und

Alter – mit einem offenen Blick begegnet, wenn du in seine oder ihre Richtung schaust. Gibt es vielleicht sogar jemanden, der lächelt? Lächle zurück, egal wer es ist, rein zum Üben.

C) Wenn du ein Lächeln austauscht mit jemandem, ob es ein Kleinkind im Buggy ist (na gut, nicht gerade in einer nächtlichen Bar, aber im Biergarten oder Café könnte das passieren) oder eine Greisin (eine lebensfrohe Nachteule beispielsweise), egal, achte auf dein Herz: Wie fühlt sich dein Herz an, wenn du mit diesem Menschen (von mir aus auch mit einem Hund, übe was das Zeug hält) ein Lächeln austauschst? Wenn dein Herz gar nichts sagt, lächle freundlich und schau dich weiter um. Wenn dein Herz aber innerlich zu lächeln scheint, wenn du es spürst, wenn es warm wird, dann werde kreativ und versuch beim nächsten Lächeln, mit der Person in Kontakt zu kommen.

Der Punkt c) funktioniert bei Menschen, die dem Partner-Beuteschema entsprechen, oft am schlechtesten, weil man unter Druck gerät. Aber wir in dieser Bar damals hatten den größten Spaß. Die erste, die sie anlächelte, war eine furchtbar graumausig aussehende Frau, die etwa 10-15 Jahre jünger war als wir. „Was sollen wir denn mit der?" meinte meine

Bekannte. „Keine Ahnung, Spaß haben? Sowas macht glücklich. Was sagt dein Herz?" Sie schaute skeptisch-griesgrämig rüber. Ich schubste sie so heftig, daß sie fast vom Stuhl fiel: „So doch nicht, du Dödel!" Die andere Frau drehte erstaunt den Kopf, und ich machte eine übertriebene Geste, wie ungeschickt doch meine Begleiterin wäre. Die andere mußte lachen und wurde offenbar neugierig. Kurz darauf kamen wir irgendwie ins Gespräch. Sie sah wirklich graumausig aus, aber erstens sieht mein persönlicher Freizeitlook ungefähr ganz genauso aus, und zweitens war sie total klasse drauf. Sie brachte ihre Schwester und deren Freund mit an unseren Tisch, und wir machten kurz darauf dieselbe Übung zu fünft. Bald waren wir sechs, dann acht. Um zum Schluß haben wir so laut gelacht, daß die halbe Kneipe sich nach uns umgedreht hat.

Den Mann des Lebens hat sie an diesem Abend nicht gefunden, aber sie war wirklich glücklich und hat so viel gelacht wie seit langem nicht mehr.

8. Glückliche gehen einer erfüllenden Tätigkeit nach

Alles, was ich mit Hingabe tue, macht mich glücklich. Wenn wir ganz versunken in unser Tun die Zeit vergessen so wie ein Kind beim Spiel, dann leben wir ganz in der Gegenwart.

Man kann fast alles mit Hingabe tun, im Job genauso wie privat. Es entspricht oft nicht unseren Automatismen, erfordert Aufmerksamkeit, ist eine Herausforderung, aber sie zu meistern macht glücklich.

Bärbel driftet beim Schreiben häufig völlig weg und hat keinen Schimmer mehr, wieviel Zeit vergangen ist (und nervt gelegentlich die Familie damit), Manfred geht es beim Dichten ähnlich. Die wahre Kunst ist aber die, auch die Steuererklärung mit Hingabe so zu machen, daß sie erfüllend ist. Aber das ist was für Fortgeschrittene. Fangen wir lieber mit einer einfachen Übung an:

Übung: Frage dein Herz: Was tue ich wirklich gerne? Mach dir wieder eine Liste mit mindestens 20 Dingen, die du gern tust. Dann schreibe auf, wann du diese Dinge zuletzt getan hast. Schreibe dir auf, was sie kosten – sind sie teuer? Was hast du als Kind gern getan? Triff wieder eine Verabredung mit dir selbst, gehe einer deiner Lieblingsbeschäftigungen nach, und übe dich in der „Versunkenheit", dem Spielen wie ein Kind.

Übung für Fortgeschrittene: Mach dir eine Buh-Liste von Dingen, die du nicht gerne tust, die aber getan werden müssen. Und dann setze deine Kreativität ein, um genau diese Dinge so zu tun, daß sie dich erfüllen und Freude machen.

Beispiel: Koch dir einen leckeren Glückspunsch und lege deine Lieblingsmusik auf, bevor du die Steuererklärung „zennst". Überlege dir, wie du eine optisch schön gestaltete (und nebenbei richtige) Steuererklärung machen kannst. Das freut mit Sicherheit auch den Steuerberater oder Finanzbeamten.

Der Abwasch wartet? Kein Problem. Lege gespültes Geschirr so zum Trocken auf der Ablage ab, daß sich ein schönes Blumenmuster daraus ergibt und mach hinterher ein Foto davon. Sammle die Fotos, und wenn du zehn besonders schöne hast, belohne dich selbst mit einem dicken Öko-Eis oder was immer dir sonst Freude bereitet. Weihe andere ein in die Kunst des „kreativen Geschirrspülens" ein.

9. Glückliche tun sich selbst etwas Gutes

Übung: Es gilt der Dichterspruch: Es gibt nichts Gutes, außer man tut es. Also nimm dir wirklich Zeit für dich, am besten einmal am Tag: Treibe Sport, meditiere, geh spazieren, triff Freunde (übrigens schon bemerkt? Sich zu treffen und gemeinsam die Seele baumeln zu lassen macht glücklicher, als am Telefon oder Chat mit anderen zu hängen, mit letzterem schlägt man meist nur die arme Zeit tot) oder halte eine halbe Stunde ein Mittagsschläfchen – so wie es sich für dich gut und richtig anfühlt. Frag dein Herz, was es sich wünscht. Dein Herz kennt immer den Unterschied zwischen Ablenkung, Zeit totschlagen und sich wirklich etwas Gutes tun, was die Seele nährt!

10. Glückliche sind dankbar

Viele spirituelle Schulen legen großen Wert auf die Kultivierung von Dankbarkeit und Wertschätzung. Vieles kommt dabei auf die Veränderung der Sichtweise an. Beim Hoppen lernen wir beispielsweise, mit den Herzensaugen zu sehen und empfinden plötzlich Wertschätzung, wo vorher nur Ablehnung war. Manchmal ist die Fähigkeit, das Schöne zu sehen, nichts weiter als eine bewußte Entscheidung dafür. Oft zeigt sich erst im Rückblick, manchmal Jahre später, daß bestimmte Erfahrungen im Leben – etwa die Trennung von einem Partner – sich als großes Glück und als glückliche Fügung zu etwas Besserem erwiesen haben.

Übung: Setz dich hin und zähle dir auf, wofür du alles dankbar bist. Und probier auch ruhig mal etwas Absurdes aus. Sei dankbar für etwas, das du eigentlich ablehnst: „Ich bin dankbar dafür, daß mein Auto eine Beule hat." „Ich bin dankbar dafür, daß die olle Schröder mich mobbt..." „Ich bin dankbar für das Sch... wetter." Was macht das mit dir? Wenn du dein

Herz bei dieser Übung öffnest, kann es dir passieren, daß sich dein Blick öffnet für „das Geschenk hinter dem Problem"! Dankbarkeit erzeugt eine heilende Schwingung und beruhigt und tröstet unser Gefühl.

11. Glückliche haben eine Lebensvision

Übung: Erstell dir eine Collage, ein „Visionboard". Nimm dir ein paar alte Zeitungen und Klebstoff. Dann frage dein Herz: „Was möchte ich in nächster Zeit erreichen?" Geh die einzelnen Seiten durch und reiße alle Bilder und Texte heraus, die dich ansprechen. Dann fertige daraus eine Collage und hänge sie an einem Platz auf, den du häufig ansiehst, etwa an deine Pinnwand. Wir machen dies traditionell an Silvester, um eine Vision und Ziele für das kommende Jahr aufzustellen. Ein anderes Pärchen tut dies auch an Silvester, die beiden sprechen ihre Ziele vom letzten Jahr durch und setzen sich neue.

Tip: Es macht glücklich, an der Verwirklichung von etwas zu arbeiten. Bei unseren Kindern haben wir beobachtet, daß es sie glücklich macht, Spielstädte und Spielhäuser und ähnliches aufzubauen. Wenn sie fertig sind, sind sie furchtbar stolz, spielen aber manchmal nur noch kurz mit dem fertig Aufgebauten. Das Aufbauen selbst, das kreative Sich-Einbringen, etwas zu erschaffen und gestalten war das, was den meisten Spaß gemacht hat.

Finde etwas für dich, was du aufbauen und gestalten kannst, es darf auch etwas Kleines sein.

12. Glückliche glauben an einen übergeordneten Sinn im Leben

Der Glaube kann im sprichwörtlichen Sinn Berge versetzen. An etwas zu glauben, etwa an die Heilung durch ein bestimmtes Medikament, kann heilen, auch wenn das Mittel nur ein Placebo ist. Was heilt, ist der Glaube. Dabei muß der Glaube nicht unbedingt einen religiösen Hintergrund haben. Es kann schon ausreichend sein, an Bestellungen beim Universum zu glauben, an dein Bauchgefühl, an das Gute im Menschen etc..

Übung: Woran glaubst du? Das müssen nicht unbedingt spirituelle Werte und Weltbilder sein, sie können natürlich ein Teil dessen sein, woran du glaubst. Aber vielleicht fallen dir noch andere Dinge ein, die dir auf Anhieb gar nicht so bewußt sind: Ich glaube an Freundschaft, ich glaube an die Liebe, an meine Eltern und meine Familie. Mach dir einfach eine Liste mit Dingen, an die du wirklich glaubst. Vertraue darauf: Sie wird dir ungemein Kraft schenken.

13. Glückliche nehmen sich Zeit

Hoppsa, wenn du mitgezählt hast, wirst du bestimmt merken: Das waren doch nur zwölf Punkte auf der Liste, was glückliche Menschen ausmacht. Aber diesen dreizehnten Punkt haben wir nicht von ungefähr mit dazu genommen. Denn bei den meisten dieser zwölf Möglichkeiten, eine größere Verpflichtung dir selbst gegenüber einzugehen, dauert es ganz sicher eine gewisse Zeit, sie umzusetzen. Viele Menschen haben ja keine Zeit. Oft ist dies der größte Hinderungsgrund (die größte Ausrede), mit bestimmten Veränderungen im Leben gar nicht erst anzufangen. Also: Verschaffe dir Zeit. Punkt 3 (führe ein einfaches Leben) ist da sicher sehr erfolgversprechend: Laß alten Ballast fallen. Regle dein Leben. Beende langfristige Projekte. Geh Probleme an, die schon lange schwelen, und löse sie. Auch wenn das oft nicht so einfach erscheint. Und dann triff einmal in der Woche – wenn du möchtest, auch öfter – „eine Verabredung mit dir selbst", bei der du einen dieser zwölf Punkte der Liste aufgreifst und daran arbeitest. Wenn du magst, lege dir ein Buch dazu an, indem du deine Erfahrungen und auch die auftretenden Veränderungen in deinem Leben protokollierst.

Übung: Leg dir ein „Glücksbarometer" zu, also ein Heft, in das du jeden Tag dein persönliches Glücksempfinden zwischen 1 und 10 schreibst und dabei beobachtest, wie es sich über eine Woche oder einen Monat verändert. Allein das kann sehr hilfreich dabei sein, dir über deine Fortschritte Klarheit zu verschaffen, um dich zu motivieren, fortzufahren und mit den Übungen weiterzumachen.

14. bis Tausendundeins: Offenes Herz

Glückliche Menschen gehen mit einem offenen Herzen durchs Leben in allen Lebenslagen.

Übung: Gehe mit deiner inneren Wahrnehmung öfter mal vom Kopf ab 30 Zentimeter tiefer in dein Herz und spüre hin. Fühle einfach nur genau hin. Gefühle zu verdrängen macht auch unglücklich. Gefühle sein lassen zu können, sich mit ganzem Herzen annehmen zu können, macht glücklich.

Viele Ängste verlieren alleine dadurch ihre Bedrohung, daß man ganz in sie hineinspürt, bis auf den Grund, und sie bis ins Detail wahrnimmt. Angst vor der Angst und der oft fruchtlose Versuch, sie zu wegzudrängen, verursacht viel mehr Probleme: Wir drängen nicht nur die Angst, sondern auch unsere Lebendigkeit und Lebensfreude mit weg. Wir werden gleichgültig und ausdruckslos.

Alles mit offenem Herzen sein lassen zu können ist eine Kraft, die transformiert und Leben und Glücksgefühle zurückbringt. Denn hinter den durch und durch gefühlten schlechten Gefühlen tauchen ganz von alleine erfüllende Glücksgefühle wieder auf.

Es gibt jeden Tag mindestens tausendundeine Gelegenheit, kleine Glücksmomente zu erspüren, wenn wir diesen Momenten mit offenem Herzen begegnen.

Und jeder Moment, den wir mit der Kraft des Herzens in einen Glücksmoment verwandeln, ist gleichzeitig ein Moment, in dem wir online verbunden sind mit dem Geist des Universums und der All-Einheit. Der Glückliche hört die Stimme des universellen Lieferboten viel leichter, natürlicher und anstrengungsloser. Mehr noch: Er ist quasi eins mit ihr. Glück erschafft mehr Glück!

Tausendundzwei: Glückliche sind weitestgehend unabhängig von der Meinung anderer

Ein sicherer Weg, unglücklich zu sein und bleiben, ist der, es a) allen anderen Recht machen zu wollen und b) die Meinung anderer über die eigene zu stellen.

Merke: Ein anderer Mensch weiß vor allem, was gut für ihn ist, aber nicht, was gut für dich ist. Glückliche Menschen lassen sich gerne von anderen inspirieren und hören sich gerne deren Meinungen an, aber das Erste, was sie mit einem Input von Außen tun, ist, es im eigenen Herzen zu erwägen: „Was tut das mit mir? Stimmt das auch für mich? Wie fühle ich mich damit? Was ist meine Wahrheit?"

Erst danach entscheiden sie im Einklang mit der Wahrheit des eigenen Herzens. Die kann auch mal im völligen Gegensatz stehen zu dem, was das gesamte Umfeld so meint. Aber sich selbst zu verbiegen macht sicher nicht glücklich, sich selbst treu zu sein schon viel eher.

Sicherlich gehört das weise Abwägen von Konsequenzen auch dazu, aber auch hier hilft uns wieder unser Herz: „Was ist in dieser Situation das Wichtigste? Wie möchte ich wirklich entscheiden? Mein Herz, was meinst du, was ist richtig im ganzheitlichen Sinne?"

Tausendundrei: Glückliche Menschen sind Egoisten und hilfsbereit zugleich

Ein trauriger Mensch kann niemals ansteckend glücklich sein. Was man nicht hat (Glück), kann man nicht geben. Darum muß man zuerst selbst glücklich sein, um andere glücklich machen zu können. In diesem Sinne ist ein gesunder Egoismus von Nöten, um unabhängig von Einflüsterungen von außen und den Erwartungen anderer den ganz eigenen, individuellen Weg zum Glück zu finden. Hat man ihn gefunden und ist man vielleicht sogar stark und stabil darauf geworden, verfügt man gleichzeitig über eine große Kraft, Weisheit und Intuition, mit deren Hilfe man zum richtigen Zeitpunkt genau das Richtige tut, um anderen helfen zu können.

Dabei kann man schon wieder völlig vergessen zu denken, Hilfsbereitschaft würde bedeuten, anderen das zu geben, was sie von einem wollen. Manche Menschen fordern Hilfe für etwas, das sie selber könnten, sich aber nicht zutrauen. Echte Hilfe im letzteren Fall würde bedeuten, ihnen genau das nicht zu geben, sondern sie dabei zu unterstützen, es selbst zu tun. Auch hier will wieder weise gewählt sein und das Herz befragt werden: „Mein Herz, was ist hier echte Hilfe? Was tun wir gerne, du und ich, mein Herz?"

Wenn dich einer um Hilfe bittet und du tust es nicht gerne, ist das eine wunderbare Gelegenheit, dein Herz zu fragen, was hier faul ist. Menschen helfen Menschen gerne, wenn die Hilfe stimmig und sinnvoll ist. Ist sie es nicht, dann spürt dein Herz es. Du brauchst dir bloß anzugewöhnen, es immer zu fragen.

Unendlich: Glückliche Menschen fühlen sich eins mit dem Leben und dem Universum

Das Spannendste dabei hier: Wenn ich diese Einheit im Außen suche, suche ich oft vergebens oder werde nicht fertig, weil es immer noch mehr und mehr Dinge zu integrieren gibt. Gehe ich jedoch in mein Herz und suche einen Ort der Stille darin, einen Ort des inneren Friedens mit mir selbst, dann entsteht – schwupps und unversehens – ein Gefühl von Weite und Verbundenheit mit allem oft von ganz alleine. In der Stille werden das Universum und ich wieder eins.

In der Stille der Wunschlosigkeit entsteht ein Nährboden, auf dem mein Herz Kraft und Freude tankt und mir im nächsten Moment den schönsten, besten Weg zur Wunscherfüllung weist.

So wie die Natur vier Jahreszeiten kennt, so brauchen auch Geist und Gefühle mal Ruhepause und Stille, damit sie in der nächsten Jahreszeit wieder erblühen und schöpferisch Neues gestalten und wachsen lassen können. Ein ewiger Frühling entspricht weder der Natur, in der wir leben, noch unserer eigenen inneren Natur.

Wir vergessen das häufig, denn auch in unserem Tagesablauf ist es nicht stimmig, die ganze Zeit unter Strom zu stehen und auf

Höchstleistung programmiert zu sein. Ruhigere und aktivere Phasen wollen sich abwechseln gemäß unserer innersten Natur. Lassen wir dies zu, kann sich unsere innere Kraft voll entfalten.

Eins zu sein mit der uns umgebenden Schöpfung bedeutet auch, uns einzulassen auf unseren eigenen Rhythmus. Nichts von dem, was mein Herz sich wirklich wünscht, wächst außerhalb der Jahreszeit am anderen Ende der Welt. Im Gegenteil: Je mehr im Einklang mit mir selbst ich lebe, desto mehr erkenne ich, daß der erste Schritt zu dem, was ich mir wünsche, immer schon ganz in meiner Nähe war... Ich brauche nur mein Herz zu öffnen und es in mein Leben mit einzubeziehen, damit es mir den Weg weisen kann.

In diesem Sinne wünschen wir dir eine lebendige und von vielen Glücksmomenten erfüllte Reise durchs Leben, einen guten Kontakt zu deinem Herzen und seinen Wünschen und ganz viel Erfolg beim Bestellen aus dem Herzen!

Herzlichst
Bärbel & Manfred

Reich der Liebe

Die Sonne der Liebe scheint gern,
sie gibt stets bereit voller Güte,
beim Geben folg' ich meinem Stern,
auf daß mich die Liebe behüte.

Mein Stern scheint in Demut und Glück
und schenkt seine Strahlen hernieden,
Gegebenes scheint stets zurück,
es macht meine Seele zufrieden.

Im Geben find ich meinen Schatz
voll Freude, Großmut und Fülle,
mein Herz birst, denn es bleibt kaum noch Platz
in meiner vergänglichen Hülle.

Denn Reichtum beginnt im Gefühl,
das Geben schenkt Liebe dem Armen,
in Wärme schmilzt jedes Kalkül,
und Eigensucht weicht dem Erbarmen.

Es stärkt meine Freude in mir,
seh' ich meine Gaben erquicken,
das Glück trägt den Spiegel in dir,
nur dort kann ich mich selbst erblicken.

So wachse, du Freude im Herz,
in jedem, der teilt still und gebend,
denn so heilt der eigene Schmerz,
nur so wird die Seele erlebend.

Denn raffend bleibt die Seele tot,
geschlossen sind Herzen und Augen,
vor eigener Armut und Not,
die innen am Lebensglück saugen.

So macht erst die Liebe ganz reich,
sie füllt auf die Schätze im Innen
das Himmelstor öffnet sich gleich,
wenn Seelen zu teilen beginnen.

Manfred Mohr

Gedichte von Manfred Mohr sind 2009 im wu-wei Verlag erschienen: *Gedichte, die das Herz berühren.*

Weitere Bücher von Bärbel Mohr

Bestellungen beim Universum

Ein Handbuch zur Wunscherfüllung

136 S., geb., € 10,20 [D] • ISBN 978-3-930243-15-0

Bärbel Mohr zeigt, wie man sich den Traumpartner, den Traumjob oder die Traumwohnung und vieles mehr einfach „herbeidenken" und quasi beim Universum „bestellen" kann.

Sie bringt dem Leser bei, wie er auf seine innere Stimme hören, wie er sich selbst gegenüber eine stärkere Verpflichtung eingehen und sein Leben positiver gestalten kann. Zahlreiche kleine Anekdoten und Parabeln durchziehen das humorvoll geschriebene Büchlein, das durch Lebenstips für jeden Tag abgerundet wird.

Ein ideales Geschenkbändchen, das einen auf sonnige Gedanken bringt.

Der kosmische Bestellservice

Eine Anleitung zur Reaktivierung von Wundern

224 S., geb., € 15,30 [D] • ISBN 978-3-930243-15-0

In diesem Buch vertieft die Autorin die nötigen Voraussetzungen zur Wunscherfüllung. In ihrem unnachahmlichen frech-fröhlichen, humorvollen Stil berichtet sie von den neuesten Bestellerfolgen, analysiert aber auch Mißerfolge und legt weitere Kriterien dar, die es im Umgang mit dem „kosmischen Bestellservice" zu beachten gilt. Außerdem hilft sie dem Leser, tiefverwurzelte Bedenken und Zweifel auszuräumen, die erfolgreiches Bestellen behindern können. Ferner vermittelt sie eine Reihe extrem einfacher, aber wirksamer Rezepte zur Gestaltung der eigenen Realität und zur Reaktivierung von Wundern, die das Leben insgesamt leichter, erfüllter und fröhlicher machen. *Ein hoch motivierender Lesespaß für Neueinsteiger und Fortgeschrittene!*

Zu beziehen in jeder guten Buchhandlung

Omega®-Verlag

G. Bongart & M. Meier (GbR)

Karlstraße 32
tel 0241–16 81 630
e-mail: info@omega-verlag.de

D-52080 Aachen
fax 0241–16 81 633
http://www.omega-verlag.de

Fordern Sie auch unser kostenloses Verlagsverzeichnis an!

Weitere Bücher von Bärbel Mohr

Übungsbuch zu den Bestellungen beim Universum

Den direkten Draht nach oben aktivieren

160 S., gebunden, € 10,20 [D] • ISBN 978-3-930243-38-9

Die Autorin bietet zahlreiche spielerische Übungen an, die dabei helfen, innere Blockaden zu erkennen und zu überwinden und einen stabilen „Dauerdraht nach oben" herzustellen. Ferner gibt es entscheidende Hinweise für fortgeschrittene Universumsbesteller, einen „Bonustrack" für Geldbestellungen sowie viele weitere Anregungen, um die universelle Intelligenz in sich zu erwecken.

Lieferungen vom Universum

Wie Wünsche wahr wurden

152 S., gebunden, € 9,95 [D] • ISBN 978-3-930243-51-8

Die schönsten Leser-Bestellerfolge

Inspirierende Geschichten, die das Leben schrieb, hat Bärbel Mohr schon immer gern gesammelt. Hier präsentiert sie eine Auswahl der schönsten Berichte von Lesern, die sich die Erfüllung ihrer Wünsche erfolgreich beim Universum bestellt haben. Vom vergrabenen Schatz im Garten über Wunderheilungen, Hilfe bei allerlei Lebensnotlagen bis hin zur Lieferung von Traumpartnern – nichts scheint unmöglich zu sein für den, der sich mit dem „Kosmischen Bestellservice" verbunden fühlt! Dies zeigt sich um so mehr auch in der persönlichen Praxis der Autorin, von der sie hier berichtet. Ein Vorwort sowie ein Nachwort „Über das Glück" von Bärbel Mohr runden die Sammlung ab, die viele Leser dazu motivieren wird, sich (wieder) im „Bestellen beim Universum" zu üben.

Zu beziehen in jeder guten Buchhandlung

Omega®-Verlag   G. Bongart & M. Meier (GbR)

Karlstraße 32   D-52080 Aachen
tel 0241–16 81 630   fax 0241–16 81 633
e-mail: info@omega-verlag.de   http://www.omega-verlag.de

Fordern Sie auch unser kostenloses Verlagsverzeichnis an!